纳兰词传

落红深处有冷暖

精装畅销典藏版

肖冉冉——著

时事出版社
·北京·

图书在版编目(CIP)数据

纳兰词传:落红深处有冷暖 / 肖冉冉著.—北京:
时事出版社,2019.5

ISBN 978-7-5195-0290-4

Ⅰ.①纳… Ⅱ.①肖… Ⅲ.①纳兰性德(1655-1685)-传记
Ⅳ.①K825.6

中国版本图书馆 CIP 数据核字(2019)第041206号

出 版 发 行:时事出版社
地　　　址:北京市海淀区万寿寺甲2号
邮　　　编:100081
发 行 热 线:(010)88547590　88547591
读者服务部:(010)88547595
传　　　真:(010)88547592
电 子 邮 箱:shishichubanshe@sina.com
网　　　址:www.shishishe.com
印　　　刷:大厂回族自治县德诚印务有限公司

开本:880×1230　1/32　印张:8　字数:160千字
2019年5月第1版　2019年5月第1次印刷
定价:40.00元
(如有印装质量问题,请与本社发行部联系调换)

序言

翻开清朝厚厚的文学典籍，有一个人被后人赞为“清朝第一词人”，民国大学者王国维更是称其“以自然之眼观物，以自然之舌言情”，是为“北宋以来，一人而已”！这个人就是被人推崇为清一代“独得意境之深”的纳兰性德。

纳兰性德，字容若，号楞伽山人。他出身贵胄，是地位尊贵的世家公子。他博学多识，才华艳发，虽有积极用世的抱负，然而政治的污浊使他畏惧思退；他多愁善感，虽然向往自在风雅的生活，然而爱妻的亡故让他深陷苦海。他精于天文历法，谙于佛学，工诗能文，先后著有《侧帽词》和《饮水词》等。

纳兰的词情感真挚，自然真切，词风任情使性而自然率真。其中既有对亡妻缠绵的回忆与相思，又有对朋友聚散的深沉感慨；既有反映行旅羁栖良苦的悲凉凄婉，也有对江南风物的凄迷情致。

他为情所苦，渴望“一生一代一双人”，但却“争教两处销魂”，终究“心字已成灰”。他抒写逝去的爱情，所以他的词幽艳哀断，缠绵婉约。一句“人生若只如初见”，让人百读不腻，感慨万千；一句“当时只道是寻常”，多少人耳熟能详，闻之断肠；他会狂放不羁地喊出“德也狂生耳”，期待与友共醉一场，也会在悼念亡妻时泪咽无声，“一片伤心画不成”；为求知己，他说“我是人间惆怅客，知君何事泪纵横”，渴望和平，写到“东风回首尽成非，不道兴亡，命也岂人为”。

本书用细腻的文笔介绍了纳兰容若的人生经历与情感历程。传记之后，是对纳兰作品的赏析，文笔清新，见解独到。当时有“家家争唱《饮水词》，纳兰心事几人知”的说法，三百多年以来，纳兰词一直为世人传唱，他是清代文坛的一个奇迹。现如今，纳兰词的魅力依旧不衰，那个百读而如初见的少年，和他未能书尽的惆怅心事，一直让人们热情不减。

目录

上篇
但若初见，一片幽情冷处浓

君子如玉，倏忽而逝的一生，留给世人那初见惊艳的华丽词篇，同样还有那个蕴满惆怅和无尽哀思的风流才子。

下篇
有匪君子，横绝一代为词生

情生情死，逝者如斯，生者如斯。惊才绝艳的少年懂了情，却也为此负累一生。纳兰心事谁人知？一切尽在《纳兰词》。

上篇 • 但若初见，一片幽情冷处浓

君子如玉，倏忽而逝的一生，留给世人那初见惊艳的华丽词篇，同样还有那个蕴满惆怅和无尽哀思的风流才子。

第一章
惆怅青衫落尘京

相国生才子，传家宝象贤。声名嗟殁后，余事忆从前。

——【清】陆肯堂

乌衣门第，少年名冬郎

1655 年 1 月 19 日，也就是顺治十二年甲午，农历腊月十二日，在一处寻常的宅子里，一户人家诞生了一个男孩。

这个宅子是明珠府，那时候，后来闻名于世的宰相明珠才二十岁，风华正茂，他为这个孩子，取名叫成德——纳兰成德。

其实纳兰一直都是叫“成德”，只是在他二十多岁时为了避皇太子的名讳，才改名叫“性德”，也只用了一年而已。

明珠是满洲正黄旗人，妻子是阿济格的女儿。阿济格是多尔衮的哥哥，战功赫赫却没什么政治头脑，最后落得个被囚禁的下场，儿女们被赐死的赐死，被贬为庶人的贬为庶人。在康熙年间，明珠名噪一时，官居内阁十三年，“掌仪天下之政”，可以称得上“权倾朝野”四个字。

“成德”二字，在古代典籍里面出现的次数不少。

南宋朱熹《论语集注》：“言学者当损有余，补不足，至于成德，则不期然而然矣。”《宋史》中也有言：“惟俭可以助廉，惟恕可以成德。”《易经》中更说：“君子以成德为行，日可见之行也。”

同样是“成德”两字，意义却各有不同，究竟当时明珠是想到了哪一句才会给儿子起名“成德”的，至今无人知晓，只是“成德”成了纳兰的名字，一直沿用了下来。

但不管是哪句，至少有一点是可以猜到的，明珠是希望自己的孩子长大之后能当真如“成德”二字一样，成为一名君子。

后来，因为对汉文化的仰慕，纳兰给自己起了个字，就是“容若”。所以严格说起来，纳兰名“成德”，字“容若”，只是有时候他也会效法汉人的称谓，以“成”为姓，署名“成容若”，他的汉人朋友们也大多用“成容若”这个名字来称呼他。

不过有一个名字，却算得上是容若父母的专属，那就是他的小名——“冬郎”。

也许是因为出生在冬季的关系，容若的小名唤做“冬郎”。

才子就是才子，幼年就会展露天才的一面，《梅梢雪·元夜月蚀》，据说是他十岁的时候所作。

星球映彻，一夜微退梅梢雪。紫姑待话经年别。窃药心灰，慵把菱花揭。

踏歌才起清钲歇。扇纨仍似秋期洁。天公毕竟风流绝。教看蛾眉，特放些时缺。

对全家人来说，这个孩子的降生，代表着满族最显赫的八大姓之一的纳兰氏，有了正式的继承者！

尚在沉睡中的孩子，完全不知自己已经降生到一个与皇室有着千丝万缕关系的贵胄之家，从此富贵荣华，繁花似锦；更不知在今后的岁月中，他的名字总会与“词”联系在一起，且被后人们赞为“清朝第一词人”。

王国维有评：“北宋以来，一人而已！”

词才展露，金榜再题名

十七岁时纳兰容若就入了太学，国子监祭酒徐文元十分赏识他。

十八岁，纳兰容若和其他莘莘学子一样，参加了顺天府的乡试，毫无悬念就中了举人。

自隋唐开始的八股文考试，让古往今来千千万万的读书人都一头栽了进去，连宋代文豪苏洵都曾发出过“莫道登科易，老夫如登天”的感慨。

纳兰容若年仅十八岁就中了举人，在其他人眼中，无疑是该羡慕与嫉妒的。

所以，连老天爷都觉得他太顺利了，该受点挫折，于是纳兰容若在十九岁准备参加会试的时候，突然得了寒疾，结果没能参加那一年的殿试。

于是榜上无名。

塞翁失马焉知非福，没能参加那次殿试，待病好之后，在其后的两年中，他一边研读一边还主持编撰了一部儒学汇编——《通志堂经解》，更编成了《渌水亭杂识》。纳兰本身也是淡泊名利的，闲暇的时候，他依然继续写着自己的诗词。

这一年，他写了几首《采桑子》，各有不同，其中一首，便是“冷香萦遍红桥梦，梦觉城笳。月上桃花，雨歇春寒燕子家。箜篌别后谁能鼓，肠断天涯。暗损韶华，一缕茶烟透碧纱。”

在某一天夜里，他刚刚结束了当天的编撰工作，月上中天，府里的其他人早已歇息了，他也吹灭了蜡烛，关上房门，向自己的寝室慢慢走去。

途中，经过蜿蜒曲折的长廊，穿过小巧精致的别院，在扶疏的花木中穿梭而过，分花拂柳间，花木深处，一缕淡淡的、虚无缥缈的香气在夜色中缓缓地氤氲，一丝一丝地转进容若鼻里。

那是不知何处飘来的一缕冷香，在这漆黑的深夜中仿佛是从梦境中飘散出来的一样，带着冷冷清清的味道。

那是谁的梦呢？

纳兰容若不由得停下了脚步。

银白色的月亮高高悬挂在夜空中，柔柔的月光洒了下来，给寂静的院子镀上了一层银白色。院子里的花木在月光的照耀下，像是笼了层银纱一般。

青石板的地面还微微有些湿润，因为不久前才下了一场小雨，润润的。空气中那淡淡的冷香也越发显得清新了，花木也更加青翠。

早晨就盛开了的桃花被雨水打掉了一些，还剩下一些在枝头上，继续颤巍巍地开放着，含羞带怯，在清冷的夜色里带来一丝娇俏的意味。月亮高挂在树梢之上，像一只妩媚的眼，静静地看着春雨过后的满树桃花，满庭落芳。

不知什么地方隐隐传来箜篌的乐声，若有若无，和着那股淡淡的冷香，浸着夜的冷清，在清新的空气中慢慢地、婉转地飘散着。

容若凝神听着，细细分辨，却听不出来是哪里传来的乐声。

也许是哪家的女子，在思念着离家的丈夫吧？

那若有若无的箜篌声里，或许寄托的，就是那痴情的女子苦苦等候的相思之情。

箜篌别后谁能鼓，肠断天涯。

纳兰容若静静地听了许久，也在院子里停留了很久。

那箜篌声不知何时缓缓地消失了，夜重新宁静下来。

容若这时才继续往前缓步走去。

走向自己的寝室。

室内，侍女们早已掌了灯，静候着公子回来。

窗边的几案上，一缕茶香幽幽地、婀娜地飘散，绕过几案，从碧青色的窗纱间透了出去，与窗外的夜色融为一体。

年后，纳兰容若再度参加了殿试，金榜题名。

金缕一曲，蕴年少冰心

就在纳兰容若十七岁这一年，在京师孙承泽的别墅秋水轩，发生了一件声势越来越浩大的文坛盛事——秋水轩唱和。

秋水轩唱和不光是当时的一大话题事件，也是中国诗词史上的一件盛事。

起因，则是周在浚来到京城拜访世交好友孙承泽，住在孙承泽的秋水轩别墅里面。周在浚也颇擅长填词，有不小的名气，因而周围的一些名流闻听消息，都纷纷前去拜访，“一时名公贤士无日不来，相与饮酒啸咏为乐”，颇为热闹。

这天，一名访客曹尔堪见墙壁上写着不少酬唱的诗词，一时心血来潮，便在旁边写了一首《金缕曲》。

哪知他一写，其他来访的文人名士们纷纷响应，用《金缕曲》这个词牌，写出不少词来。

要注意的是，这些唱和的词，每处韵脚都和最初填词的曹尔堪一样，这叫做“步韵”，难度十分大，但正因为难度大，所以这些文人名士们纷纷技痒，彼此间也隐隐有了较量的意思。

周在浚、纪映钟、徐倬等词人也都加入了唱和的队伍，接连举行了多次唱和活动，一直持续到了年末。

这场热闹的盛事影响力越来越大，乃至于天南地北的文人骚客们得知消息之后，也纷纷表示要参加，秋水轩唱和波及全国，一时间投书如云。

当时一时兴起写了《金缕曲》的曹尔堪，也完全没有料到，他写这首词，竟然会成为改变整个康熙初年文坛风气的导火索！

在秋水轩唱和之后，“稼轩风”便从京师推往了南北词坛。

参加了秋水轩唱和的词人大都是社会上的名流，身份也复杂。有的是朝中新贵，有的是仕途坎坷的失意之人，有的曾经是明朝的旧臣，后来又在清廷出仕，而有的又是坚持着不肯与清廷新朝合作的。他们各怀心事，而词历来是抒发作者情感的载体之一，所以在秋水轩唱和的这些词里面，虽然“词非一题，成非一境”，但都表达了作者当时的心境，流露出各自的心声。

后来，周在浚把这些词都集成《秋水轩唱和词》，一共二十六卷，共收录26位词人的176首词，其中，有纳兰容若。

纳兰容若的这首《金缕曲》，便是他参与秋水轩唱和的作品。

这首词的韵脚，分别是“卷、遣、泫、茧、浅、展、显、扁、犬、免、典、剪”。

“疏影临书卷”，疏朗的花影高低不齐地映在了半掩的书卷上。开篇，纳兰容若便描写出一幅清幽的画面。

这倒是与他向来清丽的词风颇为吻合。

当时，纳兰容若也就十七岁。

十七岁的少年，已经能写出这样成熟的、风格清丽哀婉的词来，也难怪当时徐文元等大儒都称赞他才气逼人了。

书卷上映着扶疏的花影，月光照在花枝上，仿佛照在洁白的冰茧上一样。把灯光遮掩起来，那花影就更加明显了，莹白色的花瓣仿若白玉一般。

纳兰容若用他一贯清新的字句，写出了这番幽静的画面，字里行间仿佛带着淡淡的清香。

而下阕，他却笔锋一转，写道：“但得白衣时慰藉，一任浮云苍犬。”

白衣，这里是酒的意思，浮云苍犬，则出自唐朝诗人杜甫的诗《可叹》：“天上浮云如白衣，须臾改变如苍狗。”

这两句便是说，只要有酒在手，又何必去管世事沧桑变化如何？

其实纳兰容若，在当时所写的词里，已经隐隐地流露出了不愿参与俗世事务的内心意愿。只是那时还年少的纳兰容若，并未完全意识到这一点，而是和全天下的乖孩子一样，默默地、毫无异议地按照父亲的安排，走向那注定铺满鲜花与荣耀的道路。

第二章 风流墨客亦多情

正是辘轳金井，满砌落花红冷。蓦地一相逢，心事眼波难定。谁省，谁省。从此簟纹灯影。

——纳兰容若《如梦令》

青梅竹马，奈何有尽时

人们总是相信，才子应该配佳人。

明珠对于这个纳兰家族的继承人倾注了巨大的心血。纳兰容若在大概四五岁的时候，除了读书之外，还多了一样功课，那就是骑射。

满族人入关之后，面对着辽阔的中原，面对着博大精深的中原文化，他们自豪却又自卑着，羡慕的同时却又恐惧着。

自豪的，是这一望无垠的江山社稷终究被他们所统治。

自卑的，是因为很清楚自己可以用刀剑打下江山，却不可能继续用刀剑统治一个高贵的文明。

羡慕的，是绵延几千年包罗万象的中原文化，给他们带来一个全新的视野。

恐惧的，却是自己最终和历史上无数的异族一样，被中原文明强大的同化能力湮没。

所以，统治者一再强调着“祖宗家训”。

祖祖辈辈都是以骑射讨生活，打下了这片江山，所以八旗子孙们必须保持骑射的传统，不可有丝毫的懈怠。

居安思危，他们羡慕着却又恐惧着几千年绵延不断的中原文化。

纳兰容若那时候不过是个几岁的孩子，对于“骑射”背后的含义，他未必明白。只不过觉得是在自己喜欢的读书之外，又多了一样功课而已。

他也没觉得自己有什么不同。

当时旗人刚入关没多久，尚且保持着旺盛的斗志，所以八旗的子弟们也都是个个舞刀弄棒、弓马娴熟。所以小纳兰也和其他人一样，在读书之余，还要挤出时间来习武。

或者说，是在习武的空暇，挤出时间来读书。

也许因为父亲明珠是朝廷里难得的几位支持汉文化的人之一，更因为父亲精通汉语，纳兰从小耳濡目染，也对汉文化产生了浓厚的兴趣。

在习武之余，他像海绵一样吸收着一切能够接触到的文化。

文武之道一张一弛，在骑射与读书之间，纳兰究竟比较喜欢哪一个，谁也说不清。

蹲马步对一个四五岁的孩子来说，未免太枯燥了，而且是那么的辛苦，换做别家娇贵的小公子，只怕早就受不了而号啕大哭起来。但小小的容若却咬着牙忍耐了下来。

因为他记得父亲曾经严肃地对自己说过，骑射乃是旗人之本，祖辈们靠骑射打下了江山，你身为旗人，怎么可以不习骑射？

马步不知蹲了多久，小纳兰也不禁觉得膝盖开始酸起来，有点支撑不住了，又不敢撒娇不练。正在咬牙苦撑的时候，长长的走廊上，母亲婀娜地走了过来，唤他今天就到此为止，家里来客人了。

纳兰容若连忙去沐浴更衣，跟随母亲去前厅，迎接客人，这时候，他才看到，原来是自己那位久已闻名却一直不曾见过的小表妹，来家做客了。并且自此以后，表妹纳喇惠儿就在家里住了下来。

那时候，年幼的两个人都不知道，纳喇惠儿进京的目的是为了等她长到花季妙龄的时候，被送进宫里去。

当时，纳兰容若还没有弟弟妹妹，所以对这位小表妹表现出很大的好奇心来。让他感到惊喜的，是这位年纪比自己还小的妹妹，居然也对汉人的文化颇感兴趣。两个孩子兴趣相投，很快就熟络了起来。

不知不觉间，两人渐渐长大了。

纳兰容若年长了一些，就和其他人一样，列席在八旗战士们的阵营里，和周围无数年纪相仿的年轻人一样，是一位年轻的战士。

这天，少年纳兰从军营里回来，沐浴更衣过后，拜见了父母、姑姑等人，却未见到表妹的身影，有些困惑，又不好明问，只得悻悻然往内堂走去。

走着走着，他突然发现，自己的脚步竟是在不知不觉中走向表妹居所的方向。

夕阳西下，精致的绣楼掩映在繁花绿树之中，仿佛也带着少女的娇羞，在昏黄的阳光中镀上了一层淡淡的金色。

也许是心有灵犀，当纳兰容若刚走到楼下，表妹惠儿也正从楼梯上款款地走了下来。

四目相对，皆是一怔，旋即都笑了起来。

纳兰容若想问表妹为何之前没在前厅，但怎么想都不知该从何问起。向来机智灵变的他，不禁有些讷讷起来，看着表妹那双明亮的眼睛，更是说不出来了。

少年纳兰再聪明，也猜不透女孩子的心思。

甚至连小表妹自己，也未必说得明白。

她不知道为什么在表哥快要回家的时候，自己会突然开始在意起仪容来，见镜子里的人儿左不顺眼右不顺眼，一会儿觉得头发散乱了，一会儿又觉得早上插的那支簪子与身上的衣裳不搭配，所以，一反常态，并未和往常一样去前厅迎接归家的表哥，而是在自己的闺房内细细地重新梳妆，直到自己满意了，才走出闺房。哪知刚一下楼，却见表哥正在自己的绣楼前踌躇不前。

小表妹本是有些忐忑，可见到表哥迟疑的模样，竟忍不住笑了起来。

见到小表妹忍笑的神情娇憨可爱，纳兰容若越发讷讷起来，想分辩些什么，但你看着我我看着你，竟谁都无话可说，于是便忍不住“扑哧”一声笑了出来。

一笑，两位年轻人顿时不复之前的羞涩与尴尬。

惠儿和往常一样走到表哥身边，一双乌溜溜的大眼睛看向纳兰容若，大概是想说些什么吧，最后却是脸微微一红，就径直往前走去。

纳兰容若急忙跟了上去。

两个年轻人也不知低声说了些什么，间或传来一阵银铃似的笑声。若是就这么一直青梅竹马下去，大概成亲也是顺理成章的事情了。但是按照当时的规矩，凡到选秀女之年，一般是三年一次，家里有十三岁到十五岁少女，而且是嫡亲女孩儿的旗人家庭，都必须先参加选秀，只有落选后，才能自行婚配，这是一种强制性的制度，所有的旗人家庭都不能拒绝。所以，纳兰容若的表妹就这样被选进了皇宫之中。

洞房花烛，鸳鸯春昼永

康熙十三年（1674 年），纳兰容若娶妻卢氏。

这是家族的安排，他不得不听从，即使心有不甘。惠儿被送进了皇宫，纳兰容若则计划参加科考，准备着踏上仕途。

卢氏，乃是两广总督卢兴祖的女儿。

论家世，两人门户相当，对习惯用审视的目光来看待一切的成人们来说，是一个非常好的选择。

论相貌，据说卢氏“生而婉娈，性本端庄”，是相当有才华而且性格温柔的女子。

纳兰与卢氏，倒真真像是天造地设的一对。

卢氏的出现，也让决心要慢慢忘记表妹、忘记那段年少感情的纳兰容若重新找到了生命中另外一抹亮色，另外一段美满的感情。

康熙十年（1671 年）二月，原本担任左都御史的明珠，接到一道命令，让他与徐文元两人担任经筵讲官。

经筵讲官就是给皇帝讲解经义的角色，就是去当皇帝的老师，只是个虚衔。教这个天下最尊贵的学生读书念书的，一般都是翰林院饱学之士。

巧合的是，徐文元又是纳兰容若的老师。那年纳兰容若也刚上了太学，身为国子监祭酒的徐文元，对这名聪慧过人，精通汉家文化的学生是深为器重，赞不绝口。

对明珠而言，这“经筵讲官”更是个虚衔，他当时是左都御史，公务繁忙着呢。令明珠万万没有想到的是，就在这一年的十一月，他被一纸调令，升为了兵部尚书。

明珠扶摇直上，其他人自然会忙不迭地前来巴结，本来就是众家少女心目中理想夫婿的纳兰容若，也就当仁不让地成了香饽饽，顿时身价百倍、炙手可热。

年纪轻轻，却没有半分飞扬跋扈之气，反倒是个举止文雅的风采公子，也就难怪少女们会为之倾心了。

明珠想必也知道自己儿子炙手可热，他在慢慢地寻找着最合适的人选，最后选定了两广总督的女儿。

对于这场婚事，纳兰容若并没怎么反对。并且婚后的纳兰容若与卢氏，夫妻恩爱，举案齐眉，感情十分深厚。卢氏因难产过世之后，纳兰容若因为悲伤，写出不少悼念亡妻的词句，这都是有目共睹的。

同时他也很清楚地知道，自己与表妹已经再无相见的机会。

这门婚事在当时来说，完全称得上是一场天作之合，双方门第相当，权贵与权贵的结合。男方年少英俊，才气逼人；女方贤良淑德，温柔端庄，无论从什么方面看，都是天造地设的一对璧人。

不过，当时的婚姻还是包办的，自己的另一半不到新婚之夜是看不到真面目的，西施也好，东施也罢，不到揭盖头的刹那，一切都只是想象。

所以，纳兰容若虽然早就从父母的口中得知对方才貌双全，不亚于表妹，几乎挑不出什么毛病来，但毕竟从未见过面，心中也不禁有点忐忑。

换做卢氏，又何尝不是？

她是大家闺秀，从小在深闺之中娇生惯养，大门不出二门不迈，鲜有踏出去的机会。即使如此，她也并不孤陋寡闻，早就听说过纳兰容若的大名，甚至和其他无数的少女一样，也曾在听到那文雅的名字的时候，芳心暗跳。所以当父母说自己未来的丈夫就是那公子纳兰容若的时候，卢氏竟是惊讶得愣住了。

对父母给她决定的这门婚事，她自然也毫无异议。少女羞涩着，一声不出，瞧在父母的眼中，则代表了应允同意。

纳兰容若清楚地知道，随着年岁渐长，有些事，是他必须去做的，那是他身为一个社会人的责任与义务。

父辈们甚为满意这位人选，两家人都颇为期待这场婚礼。

除开一双儿女的匹配，明珠考虑的，还有一些政治上的因素。

他自己是京官，中央要员，而未来亲家是封疆大吏，朝廷与地方，一旦被姻亲这条纽带牢牢地联系在一起，那就是一件互惠互利的事情。

当时纳兰容若的这场婚礼，在某种程度上来说，也算得上是万众瞩目。

这场婚礼不光是代表着纳兰容若从此要步入人生的新阶段，对其他人来说，也是一场名正言顺巴结明珠与卢兴祖的好机会。明珠心知肚明，所以，这场婚礼，他操办得无比热闹喧哗。

这一场喧哗直到快深夜的时候，才渐渐地安静下来。纳兰容若也终于有了机会，与那刚刚拜堂成亲的妻子得以单独相对。

那卢氏究竟是什么样的呢？根据记载，说卢氏“生而婉娈，品性端庄，贞气天情，恭客礼典。明珰佩月，即如淑女之章，晓镜临春”，然后又说她是“幼承母训，娴彼七襄，长读父书，佐其四德”。

婚床旁站着长辈与侍女，床沿正中，坐着刚与他拜堂成亲的新娘。

少女穿着一身大红金线滚边绣满吉祥花纹的新娘嫁妆，头上盖着同样绣满了吉祥花样的大红色盖头，双手规规矩矩地放在膝盖上，动作优雅，坐姿优美，但还是看得出来，新娘有着一丝隐隐的紧张与拘束，或者说是不安。

毕竟她也与纳兰容若一样，面对着的是全然陌生的，却要与自己从此携手度过后半生几十年的人，虽然早就听说过对方的名字，但如今当真面对面了，却又羞涩胆怯起来。

她盖着盖头，看不见对方的相貌，只能从盖头下偷偷地看出去，却只能见到一双穿着靴子的脚，缓缓地走向自己。

少女便一下子紧张了，纤长的手指局促地紧紧抓住了自己的衣角。

对方似乎也有些紧张，脚步踌躇起来，像是呆站了半晌，才在周围长辈们的戏谑声与侍女们的轻笑声中，拘谨地揭开了新娘子的红盖头。

这时，她才第一次看见他的脸。

他，也是第一次见到自己的妻子。

新娘羞涩却惊讶地睁大了双眼。

她没有想到，纳兰容若会比自己想象中的更加儒静，更加清俊文雅，漂亮的面孔顿时红得仿若玫瑰花瓣一样。

纳兰容若也是一怔。

烛光下，少女的面孔还带着新娘特有的羞涩红晕，那张脸并不是多么倾国倾城的美艳，却是眉清目秀，眼波清澈，带着一种温柔亲和的感觉。

卢氏嫁入府后很快就赢得了府中上上下下众人的喜爱。

明珠与觉罗氏颇为满意这个儿媳，下人们也十分敬重这位少夫人。纳兰容若发现，卢氏在很多的方面与他都很相似。

屋内还有些寒气，和煦的东风从窗户吹了进来，把那淡淡的寒意缓缓吹散了，暖意融融，令人陶醉。

帘外的花瓣儿被吹得纷纷落下，仿若红雨一般。

花树下，那纤细婀娜的身影正婷婷地站着，为了防止那些鸟雀把娇嫩的花儿给啄伤，她正一个一个地往花柄上系小小的护花铃。

护花铃很小，所以卢氏全神贯注地做着这件工作，身后传来熟悉的脚步声。卢氏只微微回头，嫣然一笑，面如桃花。

那笑容温温柔柔的，就像是三月的春风，曲曲绕绕地钻进了纳兰容若的心里，那温暖慢慢地蔓延开来，直到溢满心房。

对当时新婚燕尔的纳兰容若与卢氏来说，每一分每一刻在一起的时光，都是十分幸福的，再加上当时的纳兰容若还未入仕，所以不存在什么被公务所扰的问题，两人从而可以完完全全地生活在属于他们近乎完美的世界中。

那时候的纳兰容若完全没有怀疑。

他真的以为，与妻子能这样一直生活下去，直到天长地久。

他怎知道，这段幸福的时光，只有三年而已。

流离之子，无奈负妾心

在清代，男人三妻四妾很正常，尤其是像纳兰容若这样的豪门贵公子，如果只有一位妻子，那在外人看来，是完全不可想象的事情。

所以，纳兰容若在妻子卢氏之外，还有一位妾——颜氏。

颜氏家世不详，并没记载她是哪家的女儿，也并未像卢氏一样，有人专门赞扬她美丽端庄、贤良淑德。

关于纳兰容若是什么时候纳了颜氏为妾的，有两种说法，一种说颜氏入门是在纳兰容若与卢氏大婚之前；另外一种说是在纳兰容若新婚没多久。

但不管是哪一种，唯一相同的就是，颜氏进了明珠府，而她进门的目的，或者说是作用，就是赶紧传宗接代，光大门楣。

这也是明珠与觉罗氏忙不迭地为儿子娶妾的原因。

他们想要赶紧看到孙子辈的孩子！

对于父母的这个要求，纳兰容若不得不接受，也不得不接受这个突如其来的妾室。因为这是他身为长子的责任！

而颜氏呢？

妾室到底地位有多低呢？这么说吧，也就是比丫头稍微高那么一点而已，而且因为处于主子不是主子、奴婢不是奴婢的夹缝地位，处境更是尴尬。正室有能自由处置妾室的权力，甚至可以直接将妾卖给人牙子，也就是人贩子！古代妾室的处境地位可见一斑。

所以，若是遇到个生性嫉妒或者厉害点的正室，小妾的处境会相当的凄惨。

好在卢氏性格温厚，她并未因为自己是正室而处处刁难颜氏，也未仗着纳兰容若的宠爱而有恃无恐，反倒是对颜氏温柔亲厚，俨然姐妹一般。

颜氏则顺从恭谦，全心全意尽着她身为妾室的责任，与卢氏一起，把丈夫伺候得无微不至。

颜氏柔如溪水，她从进门的那一天开始，就默默地接受了自己的命运。

她平静地看着纳兰容若与卢氏天天抚琴念诗；看着纳兰容若在卢氏亡故之后痛不欲生；看着丈夫后来续弦官氏，更有了情人沈宛。面对这一切，颜氏只是默默地选择了接受，甚至于在纳兰容若病故之后，她也选择了留下，守护一生，甘之若饴。

在纳兰容若的一生之中，感情所占的比重是不可忽视的，其中，又被进宫的表妹、卢氏与沈宛各占据了三分之一，颜氏则像是被完全遗忘了。她还来不及体会到幸福的滋味儿，纳兰容若就已经永远地离开了这个世界。

与表妹、卢氏、沈宛等人不同，纳兰容若与颜氏之间的感情，是平静又安稳地发展着，没有跌宕起伏的浓烈感情，也没有生死与共的焚心似火，只是像潺潺的流水一样，平淡的、静静的，在两人相处的岁月中慢慢地酝酿，最终转为仿佛亲情一样的爱情。

君子之交淡如水，我想，纳兰容若与颜氏之间的感情，也是这般淡如水，却柔如水、韧如水的。

夕阳西下，颜氏只是站得远远地看着院里的那株海棠花树。

她无法过去，正如清晨的时候，看到纳兰容若与卢氏在海棠花树前笑着、说着，开心地赏花，那两人的背影是如此相配，又如此天造地设，完全没有第三个人插足的余地。

如今，人影早已不在，只有那株海棠花树还依旧，自己依旧无法走过去，走近纳兰容若曾经走过的地方。

康熙十四年（1675 年），纳兰容若二十一岁。

在这一年，纳兰容若有了他的第一个孩子——富格，颜氏给他生的孩子。

纳兰容若一生共有三子四女，后来其中一个女儿嫁给了雍正年间的骁将年羹尧。

这一年对明珠府来说，双喜临门。

除了长子出生，十月的时候，明珠又被调为吏部尚书。

从兵部尚书到吏部尚书，明珠的仕途越走越通畅，越走越顺利，康熙对他的倚重是如此明显，任何人都看得出来，他是皇帝跟前最炙手可热的大臣！

而在府内，让上上下下都开心欢喜的是颜氏果然不负众望，为纳兰容若生下一个儿子。

颜氏的温柔、惠淑，让本来不得不纳妾的纳兰容若，也逐渐开始接受了这名静美的女子。如今，他竟是当父亲了！

但是，与对卢氏的爱情不同，他对颜氏更多的是敬重。

颜氏并未因为丈夫对正室的宠爱而心生怨恨，一直都是那么的安静、宽厚，与卢氏相处融洽，让明珠府里的人都为之敬佩。

这个孩子从出生的那一刻开始，就受到了全家人的喜爱，明珠更亲自为孙子起名，叫做“富格”，也有种说法叫做“福哥”。

寻常人家给孩子起名字，一般都会用吉祥的字眼，表示对孩子的祝福与期望。明珠家虽然是权贵，也一样不能免俗，小小的还未睁开眼睛的富格，就拥有了来自家人的第一份礼物——名字。

纳兰容若初为人父，难掩欢喜之情，卢氏更是欢欣不已，就像这个孩子是她亲生的一样，不但对富格疼爱有加，连对产后虚弱的颜氏，照顾得也是无微不至。

在纳兰容若那短暂一生的感情生活中，没有那种小气善妒的女人，搅得全家鸡犬不宁，反而个个都是那么的大度与温厚，像是纳兰容若那宽厚真诚的性子，也感染了他身边的女人们。她们展现出来的，都是人性之中的美好与真诚。

在这段时间内，纳兰容若是幸福的。

他有着显赫家世，有着天赋才华，有着娇妻美妾，如今更有了健康的儿子，人生至此，夫复何求？

在风和日丽的一天，纳兰容若看见院子里，卢氏正抱着小小的富格站在树下。身旁，是已经可以起身散步的颜氏。她坐在躺椅上，仰着秀美的脸，温柔地看向卢氏，还有怀中的富格。

树上，夏蝉的鸣叫声此起彼伏。也许是被蝉叫声从睡梦中惊醒，富格突然“咯咯咯”笑起来，伸出了小小的拳头，对着空气一张一抓，仿佛要抓住那弥漫在空气中的清脆叫声。

富格的这个样子，让卢氏与颜氏也不禁笑了起来。像是心有灵犀一般，卢氏突然回头，看见了不远处长廊下正含笑看着自己的丈夫，便嫣然一笑。

颜氏也顺着卢氏的目光看了过来，也是淡淡一笑，不过与卢氏的坦然欢喜不同，她的笑容，更多的是对丈夫的尊敬。

幸福是什么呢？幸福就是这眼前的点点滴滴，慢慢汇聚起来，然后在记忆里慢慢发酵，最终深深地铭刻在了心底，在多年后回想起来，依旧会忍不住为之微笑。

红颜知己，侠女出风尘

在纳兰容若生命的最后一年中，出现了最后一位女人——江南才女沈宛。在纳兰容若短暂的三十一年岁月中，他的感情向来是被人们所津津乐道的，除了那位扑朔迷离的表妹，另外几位，都是有证可考的，原配卢氏，续弦官氏，还有妾室颜氏。

清代谢章铤的《赌棋山庄词话》中说：

容若妇沈宛，字御蝉，浙江乌程人，著有《选梦词》。菩萨蛮云：‘雁书蝶梦皆成杳，月户云窗人悄悄。记得画楼东，归骢系月中。醒来灯未灭，心事和谁说？只有旧罗裳，偷沾泪两行。’丰神不减夫婿，奉倩神伤，亦固其所。

此评价颇高，对沈宛的才学，更是赞扬不已。

据说沈宛十八岁便有《选梦词》展现于世。纳兰容若见到了《选梦词》，引为知己，后来在顾贞观等朋友的介绍下见了面，相互属意，沈宛便从此跟了纳兰容若。只是一年后纳兰容若病故，她伤心之际，黯然回到江南，孑然一身。

如果说纳兰容若因为看到了沈宛十八岁的词集《选梦词》而为

之倾心，这多少让人觉得不太可能。那时候纳兰容若年已而立，不再是懵懵懂懂的少年儿郎，又经历了爱妻卢氏的亡故等打击，若这么快便移情别恋，有些不太像他的性格。

不过在沈宛的词中有一句“雁书蝶梦皆成杳”，倒是透露出些许的真相。

他们相见之前，应该也是和现在的笔友一样，鸿雁来去，书信交往，相互间慢慢倾心，最终水到渠成。

只是沈宛一直没有成为纳兰容若的正式妻子，她只是个情人。

沈宛与卢氏、官氏、颜氏不同的是，她是个名副其实的汉人，再加上并非良家出身，或者说，是类似柳如是、董小宛的身份，也让她只能和纳兰容若保持着一种没有名分的关系。

纳兰容若把她安置在德胜门的外宅之内，两人才学相近，情人间的生活倒也旖旎风流。而从沈宛与纳兰容若的词中也看得出来，两人是当视对方为知己，相知相惜。只是造化弄人，半年后，纳兰容若突然病故，沈宛伤心欲绝，孤独无靠，只好含泪返回江南，留下一段让人扼腕叹息的遗憾。

康熙二十三年（1684年），纳兰容若三十岁。

就在这一年的九月，金秋之时，顾贞观从江南再度回到了京城。

与他同行的，还有纳兰容若早已闻名却从未见过的江南才女——沈宛。

在这次沈宛上京之前，纳兰容若就已从好友们的描述中知道了这位女子的名字。

沈宛，字御蝉，江南乌程人。

古人说，“仗义每多屠狗辈，由来侠女出风尘。”江南秦淮，明末清初，确实出了不少有名的风尘女子，才艺双绝，貌美如花。

对纳兰容若来说，他此时需要的，不是寇白门之类的风尘侠女，而是沈宛这样善解人意，叫人见之愉快的女子。

沈宛，刚好适合。

所以就在这一年的年底，纳兰容若纳了沈宛为妾。

其实纳兰容若究竟有没有和沈宛举行过婚礼，也是个颇多争议的问题。

在当时，满汉不通婚，沈宛的汉族身份注定了她无法进入明珠宅邸，只能住在外面的别墅内。

纳兰容若把沈宛安置在北京西郊德胜门的宅子内，他尽力地给予沈宛一切，却唯独不能给她的一个家。

而这，却正是沈宛所要的。

半年后，沈宛也离开了京城。她并不知道，这一去便是永别。

予生未三十，忧愁居其半。心事如落花，春风吹已散。

这是纳兰容若的诗句，像是为自己写下了短暂一生的总结，如此忧伤，如此寂寞。

在后人的记载或者传记中，沈宛都是作为纳兰容若情人的身份出现的，渐渐地，连她的存在都成了一桩谜案。

沈宛是不是真实存在？

沈宛究竟真实身份是什么？

当时陈见龙曾经填了一首词，赠予纳兰容若，题目便是“贺成容若纳妾”。

成容若便是纳兰，他字容若，以自己名字“纳兰成德”中的“成”字为姓，给朋友们的信笺中都是署名“成容若”，朋友自然也以这个名字来称呼他。

对于好友的祝福，纳兰容若坦然地接受了。沈宛与卢氏不同。

相比较卢氏的温婉宽厚，沈宛知书达理，才学不输纳兰容若，也因此，两人在文学上颇多共同语言。

这个时候的纳兰容若，已经有了官职在身。他是康熙皇帝跟前的大内侍卫，负责着保护皇帝的工作，公务十分繁忙，再加上本来就是有家室的人，所以与沈宛在一起的时间自然不会很多。

好在沈宛是明白纳兰容若之人，否则也不会在鸿雁传书之间互通心意，最后两两倾心。

她知道丈夫繁忙，所以自己总是乖巧地待在德胜门的宅子里，寂寞而又带着期盼地等着，等着纳兰容若的每一次到来。

精通诗词之人似乎都有个比较相似的毛病，那就是容易多愁善感，悲春伤秋。而沈宛既然是以诗词闻名，自然也不可避免地有着一颗纤细敏感的心。

虽然对纳兰容若的公务繁忙，她并没什么怨言，但日子一长，未免就开始多愁善感起来。

黄昏后，打窗风雨停还骤，不寐乃眠久。渐渐寒侵锦被，细细香消金兽。添段新愁和感旧，拚却红颜首。

这首《长命女》大概是沈宛这段时期所作，流露出一股哀婉之情。

某一天的黄昏后，雨倒是停了，可屋檐边缘，那雨珠儿却还在滴滴答答地落着，滴在房下的台阶上。雨后的寒意渐渐侵了进来，本来温暖的棉被也有些润润的感觉，触手摸去，有些凉凉的了。下一句“细细香消金兽”，大概是化自李清照的《醉花阴》中“瑞脑消金兽”一句，只是，在李清照笔下，那室内香炉里轻烟缭绕飘散，欢愉嫌日短，苦愁怨更长，此情此景下，心中所念的，都是远在千里之外的丈夫，也难怪会“莫道不消魂，帘卷西风，人比黄花瘦”了。

也许在女词人的心里，对愁绪，对思念之情，所见所想所感都是一样的吧？所以当沈宛孤独地看着屋内香炉内那缭绕的轻烟在空气里慢慢飘散的时候，想到的是“添段新愁和感旧”，在日复一日的等待中，红颜也寂寞。

不过，在这样寂寞的冷冷清清的日子里，也是有着暖色的。

想必是梅花开了，所以这天，纳兰容若对沈宛戏谑一样的这样说道：“欲问江梅瘦几分，只看愁损翠罗裙。”言下之意是把沈宛比喻成梅花，见到沈宛眉间那一缕淡淡的愁思，所以才半是开玩笑半是认真地笑道，若要看梅树瘦了几分，只要看眼前人的腰肢消瘦了几分便知道的。

虽是戏谑之语，言下之意却是在说，自己清楚沈宛内心的愁苦。

沈宛又何尝不知?

只是知道归知道，有些话，她始终说不出口。

正如纳兰容若，也有着不能言说的苦衷。

纳兰容若与沈宛在一起短短的大半年时光中，还是十分美满的。

倒不是说他与官氏与颜氏的感情不好，而是在思想层次上，在卢氏之后，纳兰容若也许是再次找到了与自己心意相通的人。

不论沈宛的出身如何，至少在诗词的意识形态层面上，她和纳兰容若是平等的，或者说，一位文艺男青年，一位文艺女青年，“金风玉露一相逢”，自然是越聊越投机，最后结局理所当然是“便胜却人间无数”。

于是，我们倒回去说一说沈宛与纳兰容若的初见吧。

那是康熙二十三年（1684年），甲子。

九月的一天，暑气还未完全散去，空气里还有些闷热，即使穿着薄薄的夏衫，汗水还是从身上每一处肌肤沁出来，黏黏的。

马车在一处看似寻常的宅院面前停下来，里面有人下了车，被门口的下人恭恭敬敬地接进屋内的人，正是纳兰容若。

这处宅院乃是顾贞观在京城的宅子。当然，论豪华，比不上当时已经贵为太子太傅的明珠宅邸那么金碧辉煌，只是普普通通的院子，但里面布置得颇为雅致，一看便知主人花费过不少心血，小桥流水，绿草茵茵，在这京城之中，竟难得有着江南水乡的雅致与秀气。

大概那是因为宅院主人本来就出身江南的关系吧？

每次纳兰容若来到这儿的时候，都会忍不住这样赞叹。

顾贞观早已等待在廊下，见自己的学生兼忘年之交按时到达，笑着迎上去。

纳兰容若的脸上又何尝不是带着笑容？

顾贞观不愧是纳兰容若多年的好友，只有他，从这位年轻自己很多岁的好朋友眼中，看到的不是欢愉，而是忧愁；看到的，是他挣不脱樊笼的苦恼与闷闷不乐。

好在这一次，顾贞观从江南回到京城的时候，还另外带来一人——沈宛。

于是纳兰容若与沈宛，得以相见。

那时候的纳兰容若，大概并未有纳沈宛为妾的念头。他对这名聪慧的江南女子，更多的是惜才，基于一种“同是天涯沦落人”的惺惺相惜。

沈宛不幸，沦落的，是她的身，在风尘中打滚。这样的女子，竟能在那么复杂的环境中保留着一份纯真，在她的诗词中，毫无遮掩地表达了出来。

而纳兰容若的“天涯沦落”，自然不是说他出身风尘，他的所谓“沦落”，其实指的是他无心官场与权势。

所以，在沈宛随着顾贞观来到京城之后，纳兰容若也来到了这座宅子。

他终究是好奇，好奇这位与自己“同为天涯沦落人”的才女。

与其他女子不同，沈宛是素雅的、淡静的。

她穿着一身颜色淡雅的绿色衣裙，面容秀美，并未和其他歌女一样化浓艳的妆，只是淡扫娥眉，略施粉黛，乌黑的发髻上插着一支银白色的簪子，简简单单的凤尾样式，怀抱琵琶，安静地坐在那儿，轻声弹唱。

她与其他人是那样不同，气质沉静，带着一种出淤泥而不染的干净气息，直到顾贞观引着她走到纳兰容若的面前，微笑着介绍说，这位便是明珠府的纳兰公子，名成德，字容若。

她笑了，他也笑了。

有时候，钟情，也许只是一瞬间的事。

沈宛终于见到了自己倾心已久的纳兰容若，一如她无数个夜里，看着对方的信笺所暗自想象的那样，脑海里的影像与眼前的人影逐渐重合起来，最终成为现实。

沈宛双颊上飘起两朵红云，然后朝纳兰容若轻笑一下。

这年年底，纳兰容若便正式纳了沈宛为妾。

这场婚礼并不是很隆重，纳兰容若的好友们还是纷纷送来了祝福，祝福这一对璧人的结合。

在其他人的眼中，纳兰容若还那么年轻，也早就该从卢氏亡故的悲伤中走出来，去寻找属于他的幸福，而沈宛才貌双全，又和纳兰容若有那么多的共同语言，难道不是一个最好的选择吗？

对纳兰容若来说，个中的滋味儿，也只有自己才知道。

纳兰容若对沈宛是喜爱的。

但是，喜爱不是爱情。所以，半年之后，沈宛还是走了，回到了江南。

两人分别的时候，平平淡淡未有任何的波澜。

她离开，他去送行，临别之际，纵然有千言万语，最终也不过是变成轻轻的一句“一路顺风”。

不是不想挽留，而是纳兰容若觉得，他给不起沈宛想要的爱情，既然如此，与其在未来的岁月中让沈宛越来越落寞寡欢，还不如让她去继续寻找自己的幸福，去寻找能给予她爱情的人。

离开的沈宛完全没有预料到，她这一走，便是永别。

从此阴阳两隔。

姻缘无奈，丝桐第二弦

康熙十九年（1680年），纳兰容若二十六岁。

他是明珠的长子，叶赫那拉家族的继承人，传宗接代是他必须承担的责任。父母一再提议他续弦，纳兰容若推辞了三年，如今，已经再没了推脱的借口。

在家人的操办下，纳兰容若续娶了官氏。

如果说卢氏是出身“名门”，那么官氏便是出身“豪门”。官氏是图赖的孙女，是清朝八大贵族之一的瓜尔佳氏的后人。

在汉族人的记忆里，图赖是一个血腥的名字。

他是清初名将，击败过李自成麾下大将刘宗敏，在扬州斩杀了史可法，擒了福王朱由崧。官氏的父亲费英东，也是清朝的开国元勋，努尔哈赤最为倚重的五位大臣之一。

出生在这样一个可以说是“世代簪缨”的大贵族家里，官氏是真真正正的豪门之女，尊贵显赫，与纳兰容若称得上门当户对。

她嫁进了这座当朝最显赫的权臣府邸，嫁给了如今最知名的才子。在世人的眼中，本来就身为天之骄女的她，如今更是幸运得连老天爷都忍不住嫉妒她。

但是，像聚集了全天下幸运在一身的官氏，在大婚之后，却茫然了。自己新婚的丈夫，心思始终停留在那早已逝去的卢氏身上。

官氏出身贵族豪门，想必也是受过良好教养的女孩儿，但毕竟是将门虎女，只怕还有着几分的霸气。很有可能，两人之间的夫妻关系，并不十分融洽。

官氏也并非泼妇，更不是妒妇。事实上，她和其他的女子一样，善良、顺从，一旦嫁了人，就全心全意地侍候自己的丈夫。

官氏万万没有想到的是，丈夫的爱情，没有留给她一分。

官氏不是没有努力过。

她也学着像卢氏那样，为丈夫收拾书房，整理书案；在丈夫读书到深夜的时候，体贴地为他送上羹汤，并且对富格、海亮两个孩子，如自己亲生孩子般悉心照料，对妾室颜氏，也从无半分不耐，和气相处。

官氏做到了一个妻子应该做到的一切。

她是那么努力地想要得到丈夫的爱情，可是，这世间并不是所有的事情都能够等价交换，付出多少，就能得到多少回报的。

爱情从来不是。

你爱他爱到生死相许，他未必会对你付出真心。而你不爱的人，却恰恰爱你爱到刻骨铭心。

官氏对纳兰容若，纳兰容若对官氏，何尝不是如此？

纳兰容若本是情种，并非情圣。

这也是纳兰容若一直觉得对不起颜氏和官氏的地方。

但是，爱情不是道歉，不是心怀歉意就能拥有。

所以，当初他对卢氏说过多少句“我爱你”，如今，便对官氏与颜氏说了多少句“对不起”。

爱情的天平从来不是公正的，我不爱你，并不是因为你比不过对方，而是那千万年之中，没有早一秒，也没有晚一秒，正好与自己四目相对的，是她而已。

其他人，终究错身而过。

官氏出身尊贵，并非颜氏、沈宛所能相比，但是在明珠祖坟，却并没有官氏的坟墓碑文，颇为蹊跷。如果说颜氏因为是妾室，身份不足以葬入祖坟，但官氏乃是正室，若说没有资格，也不太可能。根据记载，当时见过皂甲屯墓园的人，见院子里有九座坟墓，分别是明珠夫妇、纳兰容若与卢氏夫妇，还有其子揆叙夫妇、揆方夫妇及永寿，并没有官氏的坟墓，颇令人不解。而且在徐乾学写的《成德墓志铭》的石碑上，刻着的“继室官氏，光禄大夫少保一等公朴尔普女”，上面的“朴尔普”三个字被人凿了去，模糊不清，有人考据说可能是因为官氏的家人或者她的父亲犯了罪，所以“因罪讳名”。但是根据史书记载，朴尔普并没有获罪，而且到康熙五十年之后才去世，所以，官氏的名字被从墓碑上凿去，并不是因为获罪，倒是很有可能是官氏后来已经不属于纳兰家的成员。既然已经不再是明珠家的人，那么自然不再葬入明珠家祖坟。颜氏在纳兰容若死后，就一直抚养孩子长大，终身不嫁，而官氏很有可能因为没有子女的关系，改嫁了别人，既然改嫁，自然不再算是纳兰容若的夫人，祖坟中没有她的名字与坟墓，也是在情理之中了。

在他短暂的人生之中，最单纯的初恋给了已经身在皇宫之中的表妹，最真挚最热烈的爱情，给了生死相隔的亡妻卢氏。他无法再给予官氏、颜氏，甚至还有后来的沈宛。那些女子最想要的东西——爱情，纳兰容若已经无法再给予、再付出。

菩提顿悟，恍恍入梵音

人在遭遇不幸时，通常会把自己的目光转向探求生命奥义的宗教世界。卢氏的死，确确实实给了几乎没经历过挫折的纳兰容若沉重的一击，他开始博览院中所藏的佛学典籍，以慰亡妻之痛，从而开始渐渐地进入了佛法的世界。

纳兰容若为妻子卢氏守灵的双林禅院，就在现在的北京阜成门外的二里沟。当年幽静清雅的禅院，如今变成繁华的街道，车如流水马如龙，哪里还找得到当年那清雅佛地的半点踪影？

当年，灵柩被送到了这里，在那段时间，纳兰容若都是滞留在这座清雅的禅院之中的。

暮鼓晨钟为伴。

眼前所见，是佛前的香火灯烛；耳中所闻，是佛经梵音，在这样的氛围之中，纳兰容若开始有意识地看起佛经来。

在他的《渌水亭杂识》中，有很多关于他对佛法的见解看法。可以看得出来，纳兰容若读过不少的佛法书籍，也可见他对佛法的重视。

佛教在汉代的时候传入中国，与中华文化相互结合之后，便成为了中国传统文化的一个重要组成部分，带上了中国文化特有的性质。

纳兰容若是主张“深穷二氏之说”，同时也指出：“三教中皆有义理，皆有实用，皆有人物”，“大抵一家人相聚，只说得一家话，自许英杰，不自知孤陋也。读书贵多贵细，学问贵广贵实。”

显然，这里的所指的“书”，乃是指的佛学之书，而所说的“学问”，自然也指的是佛教的学问。纳兰容若认为，读书不应该局限于一种学问，要想真正学到知识，应该把其他领域的著作认真地阅读，儒家、道家、佛家，都应该细读了解，学习别家的学问。

在这些佛家的著作之中，纳兰容若最常读的，或者说最喜欢的，便是《楞伽经》。这在他的《渌水亭杂识》中，也有着不少的记载。

“楞伽翻译在武后时，千年以来，皆被台家拉去作一心三观。万历中年，僧交光始发明根性宗趣，暗室一灯矣。”

“台家”指的是中国佛教的天台宗，而“一心三观”则是指的天台宗的基本教义，“事物依缘而生，故为假有；虚假不实，故为真空；空、有不离，非空非有，即为中道。须于心中同时观悟此三者”。纳兰容若这句话的意思是说，《楞伽经》被天台宗拿去作为一心三观的理论依据。由此可见，纳兰容若对于佛学书籍涉猎甚广，才会有此感慨。

而在《渌水亭杂识》的卷四中又写道："什师《维摩经》注有云：天人以山中灵药置大海中，波涛日夜冲激，遂成仙药。"

这里涉及一个小小的传说，说天上的仙人把灵药放置在大海之中，让浪涛日夜冲刷，便会成为灵验的仙药。

这倒是让人不禁想起关于"返生香"的传说来。

"返生香"又叫"还魂香"，在东方朔的《海内十洲记》中有着记载，传说聚窟洲上有神鸟山，山上长有返魂树，这种树的树根树心能够制成返生香，让已经死去的死者重新复活，再也不会死去。

纳兰容若在《渌水亭杂识》中记载下这个故事，未必没有回想起汉武帝见李夫人亡魂的典故来。

据说汉武帝的宠妃李夫人死去之后，汉武帝日夜思念，于是唤来方士招魂，唤出了李夫人的魂魄相会，传说那方士正是用返魂香从冥界地府唤回来李夫人的灵魂。

而纳兰容若在痛失爱妻之后，是不是也曾像当年的汉武帝一样，动过把爱人的魂魄从冥府召唤回来的念头呢？

"抛却无端恨转长，慈云稽首返生香。"

他是不是也曾在菩萨的面前，苦苦地祈求过佛祖赐予自己那传说中的"返生香"，让自己能够再见卢氏一面？

"有情皆满愿"，但是这终究是他一厢情愿的美好心愿罢了。

第三章
王孙不爱富贵花

西风一夜剪芭蕉，倦眼经秋耐寂寥。强把心情付浊醪。读《离骚》，愁似湘江日夜潮。

——纳兰容若《忆王孙》

平步青云，随侍帝御前

康熙十六年（1677 年）的时候，纳兰容若踏入官场，成为了乾清宫的一名御前侍卫，步入仕途。

从此，他跟随在康熙的身边，北上南巡，足迹踏遍大江南北。只是与他想象中的不同，或者说，和当时世人预料中的完全不一样，任命给纳兰容若的官职，竟然是皇帝跟前的三等御前侍卫。

这是武职。

纳兰容若的词名早已远扬，在京城之中引起了轰动，再加上他考中功名，进士及第，怎么着都该是文职才对，可谁也没想到，皇帝给他委派的官职却是御前侍卫。

御前侍卫是清朝才有的侍卫制度，是天子的侍从，贴身跟班，待遇很高，地位也很尊贵，是专门为贵族子弟设立的特殊职位。因为经常跟着皇帝的关系，升迁的途径也比其他职位要宽得多，也容易得多。在清朝，由侍卫出身而最后官至公卿将相的，不在少数，像纳兰容若的父亲明珠，就是从侍卫做起，最后成为英武殿大学士而权倾天下的，还有与他同朝的索额图等人亦如此。所以，皇帝让纳兰容若做自己的御前侍卫，倒也不无道理。

以纳兰容若的出身，还有文武双全，都是御前侍卫的最好人选。三等侍卫，相当于是正五品的官员地位，对二十来岁的年轻人来说，相当不错了。所以皇帝这样安排，看起来并没有什么不妥的地方。

不对的，仅仅是纳兰容若并不适合做官而已。

并非说他没有能力，只是，在皇帝眼皮子底下的人，需要的是韦小宝那样见风使舵的性格，才能左右逢源，而不是李太白诗中的“安能摧眉折腰事权贵，使我不得开心颜”。对纳兰容若来说，他可以去值夜，去巡逻，去跟着皇帝南巡，一路上保护着皇帝的安全，但是，就是不知该怎么去歌功颂德，如同其他的官员一般，谄媚上主，寻求荣华富贵。

纳兰容若根本不屑去这样做。

他如同一个纯真的孩子，始终保持着一颗赤子之心，拥有着高贵的灵魂。

但是，现实与理想的冲突、纠结，却让他从此不再快乐。

作为侍卫的纳兰容若，是相当称职的。

他在很小的时候就开始练习骑射，学习武艺，只是，后来他的词名远远盖过了武艺上的成就，给人以他只会文不懂武的错觉。

康熙皇帝不是傻子，他不会要个手无缚鸡之力的文弱书生当自己的御前侍卫，保护自己的安全。

康熙皇帝一生之中，曾经多次北上与南巡，身为御前侍卫的纳兰容若，自然跟着皇帝，一路随行。

八旗子弟出身的纳兰容若，骨子里，还是继承了先辈们马上打江山的豪迈。在这段跟着康熙皇帝东奔西走的日子里，他见了塞北风光，他的词中因而多出来不少描写塞外荒寒之地的作品。

一年，作为康熙皇帝御前侍卫的纳兰容若，扈从皇帝北上，一路走永陵、福陵、昭陵，最后出了山海关。

这对一直居住在京城里，很少涉足他处的纳兰容若来说，是一次难得的体验。

他第一次见到了塞外呼啸的寒风，鹅毛般的大雪。这雄浑的北国风光，让他感受到从未有过的触动，素来清丽哀婉的词风，也随之一变。

纳兰词中偶有雄浑之作，大多数就是出自这个时期。

纳兰容若作为康熙皇帝的扈从出了关，眼中所见，不再是京城的软红千丈，不再是熙熙攘攘的人潮往来，远远看去，只有一望无际的荒漠，寒风呼啸着卷了过去，带着刺骨的寒意。

浩浩荡荡大队人马，驻扎在荒野之中，蜿蜒一眼望不到头。夜色缓缓降临，呼啸的寒风里也慢慢地夹杂了鹅毛般的雪。

望着眼前的这一幕，纳兰容若的心里，是有些激动的，脑子里突然浮现出来的词句，也与自己往日的词风截然不同，带着一些豪迈的味道。

纳兰容若生性不喜官场，不喜俗务，却偏偏为此所困，心境清冷，尤其是在北巡之后，见识了雄浑的北国风光，见过了荒原之上一望无际的大军行营。风物的不同，让他的词境也有了不同，更加的宏大，不变的依旧是字里行间的沉郁，说他此刻心境清冷，倒也不为过。

只不过，在纳兰容若的心中，他一直清楚地知道，如今跟前的一切，并非自己真正想要的，

来自俗世间的种种条条款款，仿佛铁箍一般紧紧箍住了纳兰容若，让他喘不过气来。

据说，纳兰容若担任侍卫以来“御殿则在帝左右，扈从则给事起居”，“吟咏参谋，多受恩宠”，应付自如，“上有指挥，未尝不在侧”，极受康熙信任。由于尽职称责，他得到过康熙皇帝的许多赏赐，颇为让人羡慕。

只不过他的心并不在此罢了。

他想要的，是以自己的才华，在文学上留下一笔，与自己的朋友们一起，用文字抒发胸臆，而不是用华丽的辞藻去歌功颂德。

他有着最纯正的儒生灵魂，汉文化早已深入他的骨子里。

文人可以是皇帝的朋友，可以是皇帝的老师，但若是为奴，便是侮辱了文化的清高。

不愿为奴的清高与骨气，在现实的强压下，终究是无可调和，化为纳兰容若一句无奈却悲愤的“不是人间富贵花”。

江南怀古，忆当年风景

康熙南巡，作为皇帝的御前侍卫，纳兰容若跟着南巡的队伍一路南下，见到了白乐天词中那“日出江花红胜火，春来江水绿如蓝”的地方。

金陵，观音门外长江边，燕子矶三面悬绝临水，仿佛一只就要临空飞去的燕子一般，其景甚奇、甚险，悬崖下惊涛拍岸，卷起千堆雪。

燕子矶乃是金陵一名胜，来来往往游客很多。在这些游客中，有一年轻公子翩然而来。

他远远地看着那陡峭的仿佛临空燕子一样的山石，看着燕子矶四周无数的红蓼，带着旺盛的生命力在悬崖峭壁上顽强地盛开着，肆意张扬着它们短暂的生命。

人们来来往往，他们只是风尘仆仆的，来了又去，在长江水滚滚东去的浪涛声中重复着日出日落，重复着柴米油盐的平凡生活，最后渐渐老去，一年又一年，只留下燕子矶巍然耸立在江岩之上，冷眼旁观着人世间的一切。

燕子矶下，并无江南水乡的温婉秀美、安静宁和。它是陡峭的，甚至带着东坡学士笔下的“惊涛拍岸，卷起千堆雪”的气势。但饶是如此，当银白色的月光柔柔地洒下来，一弯新月斜斜地挂在天际之时，燕子矶下的江水也缓缓地沉静下来，只是轻轻地拍击着岸边的岩石，发出沙沙的响声。

金陵乃六朝古都，燕子矶何时矗立在此，无人可知、无处可考。

当纳兰容若行走在乌衣巷口那翠绿的杨柳之下，也许会有种错觉，仿佛他是自千年前缓缓行来的东晋名士，带着浑身的书墨香，在淡淡的烟雾缭绕之间渐渐走来。

夕阳，仿佛把千年的时光都凝固在了乌衣巷那古老的青石板路上，凝固在了巷口婀娜的杨柳枝间。

于是容纳兰容若也说：“江南好，怀古意谁传。燕子矶头红蓼月，乌衣巷口绿烟柳。风景忆当年。”

只不过，他忆的，却是哪个当年？如今早已说不清，但纳兰容若陪同康熙南巡到了金陵的时候，见到的燕子矶与乌衣巷，毕竟让他抒发了一通心中的怀古之意。

康熙皇帝一生六次南巡，并不是为了游山玩水去的，而是为了考察黄河水患、体察民情、整顿吏治，同时消泯满汉之间的对立情绪，笼络人心。这六次南巡，对稳定江南局势起到了积极的作用，同时最值得称道的是，长期肆虐让人束手无策的黄河水患，在康熙第六次南巡的时候，就已经基本上得到了控制，这大概就是康熙南巡最值得肯定的政绩了。

皇帝出巡，那阵势用千军万马来形容也不为过。为了迎接皇帝的驾临，翻修道路、修建凉亭驿馆，凡此种种，都是劳民伤财的。

曹寅深得康熙宠信，六次南巡，有四次是住在曹寅家，外人看来荣耀无比，但是也因此给曹家造成了经济上的重大亏空，虽然江南织造是个肥缺，但是自曹寅上任以来，亏空高达三百万两的巨额。

当然，这是后话，而在康熙第一次南巡的时候，随行的侍卫中，就有刚升为一等侍卫的纳兰容若。

对纳兰容若来说，平时只能在朋友口中听到的地方风物，想不到今天都真的看到了。而且在江南，还有一位好友也在等待着自己的到来，等待着两人的重逢。那，便是曹寅。

曹寅，《红楼梦》作者曹雪芹的祖父，母亲孙氏是康熙皇帝的保姆，而曹寅因为和康熙年纪差不多，一直陪伴在他的身边，一起长大，十七岁的时候，曹寅当上了康熙的侍卫，两人之间的关系十分亲密。在康熙十一年，曹寅和当时十八岁的纳兰容若一起，在顺天府的乡试中双双考中举人。

纳兰容若与曹寅曾经共同担任康熙的侍卫长达八年之久，两人的交情十分深厚。当时纳兰性德在服侍康熙皇帝之外，还要负责照顾御马。而曹寅则是在养狗的地方充当头领。

两人同样是御前侍卫，又同样养马遛狗，在开玩笑的时候，都还拿对方的这段经历来互相取笑。

楞伽山人是纳兰容若的号，曹寅在诗中自嘲一般回忆，当年同在明光宫当侍卫的时候，纳兰容若年少英俊一表人才，居然也来做这“弼马温”的活计。马曹狗监，其他交好的同事便借此开他玩笑，无伤大雅，但是如今纳兰容若却已离众人而去，回想起来，很是伤感。

曹寅不愧是与纳兰容若“一起玩大”的少年玩伴，即使后来曹寅外放官职，两人之间的友谊依旧没有半点改变，就如少年时候那样。

多年之后，曹寅在题咏张纯修所作的《楝亭夜话图》的时候，不光是回忆了昔日同在宫中当职时期的欢乐时光，更是在词中叹息道：“家家争唱《饮水词》，纳兰心事几人知?”

写这首诗的时候已经是纳兰容若故世十年之后。如今，他的词名已天下皆知，《饮水词》家喻户晓，可如人饮水，冷暖自知，纳兰容若的心事，又有多少人能真正地明白呢?

除了他自己，谁也无法明白这位贵公子的内心。

其实很多人都只知道曹雪芹是文学大家，一部《红楼梦》，旷古烁今，成为我国文学史上不朽的巨作。可又有多少人知道，曹雪芹的祖父曹寅，也是通晓诗词、精通音律的文雅之士呢?

他曾经主编《全唐诗》，著有《楝亭诗抄八卷》《诗抄别集四卷》《词抄一卷》《词抄别集一卷》《文抄一卷》等作品，还有种说法，说戏剧《虎口余生》与《续琵琶》的作者也是曹寅。

因为曹寅精通诗词戏曲，所以营造出曹家浓郁的文化艺术氛围，而曹雪芹在这样的环境中长大，也是精于文字，最后才写出了《红楼梦》这部不朽的巨著。

大概是由于祖父曹寅与纳兰容若的这层关系，曹雪芹在塑造贾宝玉这个人物形象的时候，很明显融入了纳兰容若的一些特质与影子。

当《红楼梦》面世以后，人们都纷纷考证贾宝玉的原型就是纳兰容若。清朝的经学大家俞樾曾在自己的书中这样写道："《红楼梦》一书，世传为明珠之子而作。明珠子名成德，字容若。"

后来，乾隆年间的时候，大臣和坤把《红楼梦》进呈给乾隆皇帝。乾隆皇帝看完之后，掩卷而道："这不写的就是明珠家的事情吗？"

下面这段记载出自赵烈文的《能静居笔记》：

曹雪芹《红楼梦》，高庙（指乾隆）末年，和（和坤）以呈上，然不知其所指。高庙阅而然之，曰："此乃为明珠家事作也。"后遂以此书为珠遗事。

虽然说纳兰容若就是贾宝玉的原型的说法模棱两可，而《红楼梦》即明珠家事的这种论点也稍嫌有点牵强附会，但无论如何，曹雪芹在写作的时候，将自己的家事、自己的经历，再加上从父辈们那儿知道的关于明珠家族的事情，相互融合在了一起，最后写进了小说之中，这种可能性，并不是没有。

"今宵便有随风梦，知在红楼第几层？"

侠骨丹心，斡旋为知音

如果对清代的文化史稍微了解一点的人，大概都听过顾贞观的名字。

顾贞观，清代著名的词人，字华峰，号梁汾，著有《弹指词》。

他的名字，很多时候都是和纳兰容若联系在一起。作为纳兰容若一生之中最好的朋友，同时也是在康熙年间词坛上并驾齐驱的人物，两人的关系十分密切。康熙十五年的时候，明珠仰慕顾贞观的才气，聘请他做自己儿子纳兰容若的授课师傅。可以这样说，顾贞观与纳兰容若，是半师半友的忘年之交。

顾贞观出生名门望族，他的曾祖父顾宪成，是晚明时期东林党人的领袖，前朝大儒。

说起顾宪成，很多人可能不甚了解，但要是说起他写的名句“风声雨声读书声，声声入耳；家事国事天下事，事事关心”，想必是耳熟能详了。

康熙十年（1671 年）的时候，顾贞观因为受同僚排挤，不得不辞职回家乡去。在临走之际，他愤而写下一首《风流子》，词序中自称“自此不复梦如春明矣”，清清楚楚明明白白写着，反正自己在京城也待不下去，干脆回老家好了！文人的脾气一犯，倒是颇有一派“此处不留爷，自有留爷处”的气势。

不过五年之后，顾贞观再度来到了京城。

他并不是为了自己前途而再来京城的，是为了营救一位好朋友——吴兆骞。

这次，顾贞观在奔走营救好友之际，还得以认识了权相明珠之子——纳兰容若。

很难说顾贞观在得知徐乾学、严绳孙要介绍纳兰容若与自己认识的时候，脑中第一个想到的，究竟是文人间惺惺相惜，还是可以借此营救吴兆骞。当时的顾贞观是初识纳兰容若，而对方，却对他早已闻名已久，心存敬仰。

渌水亭，在徐乾学、严绳孙的相互介绍之后，顾贞观与纳兰容若算是正式见面了。

严绳孙与姜宸英甚至这样对顾贞观说过，这位年轻公子，虽然出身豪门，但是颇有古人之风，丝毫不输江湖游侠的侠骨丹心，以诗词会友，谦和清落，浑不似权相豪门的公子，反倒像世外高雅之士。

顾贞观在四处营救吴兆骞无果之际，也曾想到利用纳兰容若，让如今皇帝面前最当红的权臣明珠去求情，想必让吴兆骞重返中原不过是几句话的工夫，所以，才在徐乾学、严绳孙等人说介绍他们认识的时候，没有丝毫犹豫就答应了。

但是当两人见了面，对着纳兰容若那张纯真的、带着敬仰的面孔，顾贞观却未把吴兆骞之事说出口。那天，他们只是在谈论着诗词，谈论着文学，互为知音。

如同俞伯牙终于遇到了钟子期，顾贞观也终于发现，这位比自己小很大一截的纳兰容若，大概才是自己真正的知音！

相见恨晚。

道别之后，年少的纳兰容若哪里能按捺得住自己的兴奋与激动之情？

他自然不可能保持沉默，满腔的激动必须得找个渠道发泄出来，于是，便在一幅命名为《侧帽投壶图》的画上，写下了这首《金缕曲》，送给了顾贞观。

德也狂生耳。偶然间、缁尘京国，乌衣门第。有酒惟浇赵州土，谁会成生此意。不信道、遂逢知己。青眼高歌俱未老，向尊前、拭尽英雄泪。君不见，月如水。

共君此夜须沈醉。且由他、娥眉谣诼，古今同忌。身世悠悠何足问，冷笑置之而已。寻思起、从头翻悔。一日心期千劫在，后身缘、恐结他生里。然诺重，君须记。

这首词完全不似平时人们印象里纳兰词的清婉哀丽、缠绵悱恻，而是一气呵成，颇有豪气，以至于此词一出，顿时传遍京城，轰动一时，人人争相传颂。

也因为这首词，纳兰容若正式在清代的文学史上留下了属于他的位置。

《词苑丛谈》中曾这样称赞这首《金缕曲》："词旨嵚奇磊落，不啻坡老、稼轩。都下竟相传写，于是教坊歌曲无不知有《侧帽词》者。"言下之意，是把这首词看成不输给苏东坡、辛弃疾等豪放派词人的作品了，对纳兰容若此词评价之高，可见一斑。

而顾贞观收到了这幅画，看到了画旁的词，他又是怎么想的呢？

读着这首《金缕曲·赠梁汾》，顾贞观心中又是欣慰，又是愧疚。

他愧疚的是，一开始，他不过是想借纳兰容若明珠之子的身份，来营救好友吴兆骞，如今纳兰容若全无保留地信任着自己，把自己当做知音，更用这首《金缕曲》来表白自己的心迹。回想起自己并非抱着完全单纯的目的来结识纳兰容若的，顾贞观突然觉得脸上有些火辣辣地烫了起来。

但欣慰的是，自己终于寻到了知音。

人生得一知音足矣！然而，又有多少人能像他这般幸运，寻找到自己的钟子期呢？

我们如今一说起纳兰词，脑子里出现的第一个词语就是"缠绵悱恻"。

确实，长久以来，纳兰容若的词作，给我们留下的印象大多是清雅哀婉的，无论是"一生一代一双人"也好，"人生若只如初见"也好，还是"当时只道是寻常"，那字里行间不输给后主词的清丽，怎么也是和"豪放"或者"狂生"等词语沾不上边儿的。

但在这首让他享誉满京城的《金缕曲》中，纳兰容若劈头第一句，便是"德也狂生耳"。

“德”是谁？自然是纳兰容若。

他在与朋友的交往中，都是仿效汉人的习俗，自称“成容若”，俨然是名唤成德，字容若，与汉人的姓氏一样，所以他才会自称“德”。

“德也狂生耳”，纳兰容若这里是说自己其实也是狂放不羁的人，只是因为天意，无可抗拒，才生在了乌衣门第、富贵之家。

开篇，纳兰容若便介绍了自己的一些相关情况。接下来，他在词中很是用了几个典故。

“有酒惟浇赵州土”出自唐代诗人李贺的《浩歌》：“买丝绣作平原君，有酒惟浇赵州土。”意思是说后世既无好养门客士人的赵国公子平原君，唯当买来丝线，绣出平原君的形象来供奉，取酒浇其坟墓，即赵州土，来凭吊。平原君乃是战国时期的“战国四公子”之一，是赵国人，他性喜结交朋友，也是出名的仗义好客之人，大名鼎鼎的自荐的毛遂，也曾是他门下的门客。而纳兰容若是当时权相明珠的长子，出身豪门，身份尊贵，以平原君自比，倒也说得过去。而下一句“谁会成生此意”中，“成生”也是纳兰容若的自指，乃询问其他人，谁能了解我的这一片心意。其实也是在暗指，自己就和平原君一样，并不在意朋友的出身，只要性情相投，自然互为知己，倾盖如故。

而“青眼高歌俱未老”中，“青眼”代表着敬重的意思，出自唐代诗人杜甫的《短歌行·赠王郎司直》：“青眼高歌望吾子，眼中之人我老矣。”青眼的典故，来自于昔日魏晋时期的“竹林七贤”中的阮籍，此人出名的放浪形骸，据说能作青白眼，对讨厌的人就翻白眼，对高人雅士就露出眼珠，作青眼，后来人们就用“青眼”来表示对其他人的敬重。当时纳兰容若与顾贞观都还年轻，要是按照现在的年龄划分，顾贞观不到四十岁，纳兰容若二十二岁，一位壮年，一位青年，都正是最风华正茂的时候，所以，纳兰容若才言道“惧未老”，劝慰顾贞观，我们都还不算老，能得到知己，又有多少人能和我们一样幸运呢？

下半阕中的“娥眉谣诼”、“古今同忌”，则是纳兰容若在清清楚楚地告诉顾贞观，我知道你才学高博，却招来了小人的嫉妒，这种嫉贤妒能的事情，古往今来都是如此，又何必介意呢？

这世上，有人白首相知犹按剑，有人朱门先达笑弹冠，就有人海内存知己，天涯若比邻，更有人倾盖如故，互为知己。

纳兰容若在这首词中毫不掩饰地写出了自己那一腔的澎湃炽热之情，是如此的激烈，都不像他素来的清婉哀怨的风格了。

倒是正应了他开篇的第一句“德也狂生耳”。

他在词中告诉顾贞观，我纳兰容若也不过是一介狂生，只不过生长在京城权贵之家，别把我当成是皇族贵胄，其实我也想像自己所倾慕的平原君那样，与性情相投之人成为朋友，成为知己，不论出身，不论贵贱。但是我这样的心意，又有谁能了解呢？好在终于遇到了梁汾兄你，一见投机，一见如故，不妨今夜就一起痛饮一番，不醉不归吧！我知道梁汾兄才学高博，也知道你以前遇到的那些不公正的待遇，不过世事向来如此，嫉贤妒能，造谣中伤，向来就是那些宵小之徒的卑鄙手段，梁汾兄也没必要放在心上，冷笑置之便好，何必去徒劳的解释呢？我与你相见如故，结为知音，即使是横遭千劫，友谊也定然会永恒长存的，即使来世，这信义，也定然永远不会忘记。

顾贞观看着这首词，突然间觉得，自己苦苦找寻而不得的知音，如今可不就是天赐一般，突然出现在了自己的面前？

于是他提起笔，和着纳兰容若的韵脚，也写了一首《金缕曲·酬容若赠次原韵》：

且住为佳耳。任相猜、驰笺紫阁，曳裾朱第。不是世人皆欲杀，争显怜才真意。容易得、一人知己。惭愧王孙图报薄，只千金、当洒平生泪。曾不直，一杯水。

歌残击筑心愈醉。忆当年、侯生垂老，始逢无忌。亲在许身犹未得，侠烈今生已已。但结记、来生休悔。俄顷重投胶在漆，似旧曾、相识屠沽里。名预藉，石函记。

文人之间的交往，总是那么文绉绉的，透着一股子高雅的味道，那是属于文人之间特有的文雅，顾贞观与纳兰容若也不例外，他们不约而同地，选择了用词来互相唱和，倾诉心意。

不过出乎他们意料的是，在这之后，用词来唱和互诉心意，竟成了一时的流行风尚，只是东施效颦，后来无数人效仿这一题材，但是都平铺直叙，再无顾贞观、纳兰容若二人之词的一气呵成、激情澎湃。

顾贞观一生恃才傲物，以至于招来宵小之辈猜忌，处处被打压，仕途不顺，所以，他才在这首赠还纳兰容若的《金缕曲》里面，写了这样一句："不是世人皆欲杀，争显怜才真意。"

这一句，化自杜甫的诗句"世人皆欲杀，我独怜其才"。

也许是想到自己前半生的坎坷遭遇吧，顾贞观这里不无自叹之意。在这样"世人皆欲杀"的环境下，纳兰容若却能如此真心真意地对待自己，叫他如何不感动呢？

顾贞观一时之间，既是感动又是欢喜，还有着一种"棋逢对手，将遇良才"的惺惺相惜。两词不光是词韵相同，顾贞观更是同样用了战国时期的典故，来应对纳兰容若《金缕曲》中的自况平原君。

那便是侯嬴。

纳兰容若本出身豪门，自比"战国四公子"之一的平原君，也并无不妥之处，但顾贞观却不能，他此时只是一介白丁，当然不可能自比其他的几位信陵君或者春申君，于是，他以信陵君的门客侯嬴自比。

信陵君魏公子无忌，也是战国时候的四公子之一，与平原君齐名。与平原君一样，他也是喜好结交朋友之人，从不以门第取人，礼贤下士，为当时的人们所津津乐道。

侯嬴当时只是魏国都城大梁的一位守门人，信陵君听说他是个贤士，于是便准备了厚礼要去拜访，丢下满大厅的宾客，自己亲自驾车去迎接侯嬴。

当时周围的人见到信陵君亲自驾车前来，都十分惊讶，想要见是哪位贤者如此厉害。却见侯嬴一点也不客气地、毫不推辞地就坐上了信陵君的车，任由信陵君驾车，他却泰然自若，坦然受之，等车子到了中途，他又说要去见一位叫朱亥的朋友，乃是市集上卖肉的。信陵君就半途改道去了集市，侯嬴与朱亥聊了多久，他就在旁边等了多久，周围的人都纷纷指责侯嬴，信陵君却阻止了大家对侯嬴的责备。

而信陵君的礼贤下士也终有回报，后来长平之战，赵国都城邯郸被围得水泄不通，平原君便向信陵君求助。于是，在侯嬴的帮助下，信陵君窃符救赵，成就一段千古佳话。

只是侯嬴在事成之后，却是刎颈自尽，以死来报答信陵君的知遇之恩。

君以国士之礼待之，吾自以国士之礼回报。

“忆当年，侯生垂老，始逢无忌。”

顾贞观与侯嬴是多么的相似啊，在一大把年纪的时候，才得遇知己，要报答对方的这番真情，只怕是当真也得如侯嬴一般，以国士之礼回报了吧？

顾贞观再度来到京城，其实是为了营救自己的好友吴兆骞。

吴兆骞，字汉槎，江苏吴江人。据说为人颇为高傲。本来才子轻狂，也并不是什么稀罕事，但是在顺治十四年的时候，发生了著名的“丁酉科场案”，吴兆骞被人诬告也给牵连了进去。第二年，他赴京接受检查和复试，哪知这人脾气确实执拗，居然在复试中负气交了白卷，这下子，不但被革除了举人的名号，更是全家人都被流放发配到了宁古塔那个冰天雪地的地方，长达二十三年之久。

后来，他从塞外给顾贞观寄了一封信，信中这样写道：

塞外苦寒，四时冰雪，鸣镝呼风，哀笳带血，一身飘寄，双鬓渐星。妇复多病，一男两女，藜藿不充，回念老母，茕然在堂，迢递关河，归省无日……

此时，顾贞观才知道好友在那冰天雪地之处，过得有多么辛苦，回想起当初发誓要解救好友的诺言，当下就马不停蹄赶往京城，四处奔走，营救吴兆骞。

但这个案子毕竟是顺治皇帝亲自定的案，康熙并没有翻案的念头，顾贞观奔走多时，依旧毫无办法。

人情冷暖，他这时彻彻底底地知道了是什么滋味儿！

好在这时，徐乾学、严绳孙介绍他认识了纳兰容若。

顾贞观与吴兆骞是至交好友，而纳兰容若与这位吴兆骞，可以说是素昧平生，毫不相识。

顺治十四年（1657 年），“丁酉科场案”发生的时候，纳兰容若也就才三岁而已。

两人之间，根本是毫无交集的。

可是后来，吴兆骞被营救出来，却正是纳兰容若的功劳。

纳兰容若虽然不喜俗务，却并非就完完全全地待在象牙塔之中，两耳不闻窗外事，对世事一无所知，事实上，以他的聪慧，大概从认识顾贞观开始，就隐隐地觉得，自己是定然免不了要搅和进这件事里去了。

这件充满侠义之风的营救之举后来轰动了整座京城，纳兰容若在此事中表现出来的，不输江湖豪侠的君子之义，也让无数人为之感慨，更应了以前严绳孙、姜宸英对顾贞观说过的话。

这位出身豪门的贵公子，有着一颗真真正正的侠骨丹心！

谢章铤后来更在《赌棋山庄词话》中这样赞叹道："今之人，总角之友，长大忘之。贫贱之友，富贵忘之。相勉以道义，而相失以世情，相怜以文章，而相妒以功利。吾友吾且负之矣，能爱友人之友如容若哉！"

其实你我皆凡人，整天为了生计奔波在这碌碌的人世间，有多少人能在长大成人之后，还能记得幼时的发小呢？又有多少人，是只能共患难，不能共富贵的呢？"友情"两字，在日复一日、年复一年的岁月磨砺中，逐渐地变了味道。

什么时候开始，一切的交往，都是以"利益"为目的了呢？

什么时候开始，所谓的"交际"，早已变成是在为自己的利益、自己的前途而去构建的"人脉"了呢？

又是什么时候开始，儿时玩伴、患难之交，早已在记忆被抛到了脑后了呢？

人情冷暖，不过是人走茶凉而已。

而就在这样的世态炎凉之中，却还有一个人，能够用一颗赤子之心来对待自己的朋友，甚至朋友的朋友!

那便是纳兰容若。

本来，吴兆骞与纳兰容若无关，只因是顾贞观的朋友，所以，把顾贞观当成了此生唯一知己的纳兰容若，也就把吴兆骞当成了自己的朋友。

那时候，吴兆骞还远在宁古塔，冰天雪地，千里冰封，一片雪白的世界。

看着庭院里厚厚的积雪，纳兰容若想到，吴兆骞一介书生，早已习惯了江南的四季如春，还能忍受宁古塔的冰雪多久？他残破不堪的病体，还能不能撑得过这一年去？又还能撑得了多少年？

桌上，是顾贞观刚刚写就的两首词，依旧还是《金缕曲》，只是，这一次的读者，却并不只自己一人。

或者说，这两首《金缕曲》，本来不是写给他的，是顾贞观写给远在万里之外吴兆骞的。

那时候，顾贞观借住在京城的千佛寺里面，见到漫天冰雪，有感而发，于是一挥而就，写出这两首情真意切的《金缕曲》。

（其一）

季子平安否？便归来、平生万事，那堪回首！行路悠悠谁慰藉，母老家贫子幼。记不起、从前杯酒。魑魅搏人应见惯，总输他、覆雨翻云手。冰与雪，周旋久。

泪痕莫滴牛衣透。数天涯、依然骨肉，几家能够？比似红颜多命薄，更不如今还有。只绝塞、苦寒难受。廿载包胥承一诺，盼乌头、马角终相救。置此札，君怀袖。

(其二)

我亦飘零久。十年来、深恩负尽，死生师友。宿昔齐名非忝窃，试看杜陵穷瘦，曾不减、夜郎僝僽。薄命长辞知己别，问人生、到此凄凉否？千万恨，为君剖。

兄生辛未吾丁丑，共些时、冰霜摧折，早衰蒲柳。诗赋从今须少作，留取心魂相守。但愿得、河清人寿。归日急翻行戍稿，把空名、料理传身后。言不尽，观顿首。

词誊抄了两份，一份装在信封里送往了宁古塔，另外一份，则送到了纳兰容若的手中。

也许顾贞观把这两首《金缕曲》送往纳兰容若那儿的时候，并未想过要以此来感动那位年少的知己，只是单纯地把自己的词作给他看而已。

但是纳兰容若却回了顾贞观一首词。

还是《金缕曲》。

还是那熟悉的清秀飘逸的字迹。

洒尽无端泪。莫因他、琼楼寂寞，误来人世。信道痴儿多厚福，谁遣偏生明慧。莫更着、浮名相累。仕宦何妨如断梗，只那将、声影供群吠。天欲问，且休矣。

情深我自拚憔悴。转丁宁、香怜易爇，玉怜轻碎。羡煞软红尘里客，一味醉生梦死。歌与哭、任猜何意。绝塞生还吴季子，算眼前、此外皆闲事。知我者，梁汾耳。

也许在看到顾贞观那两首写给吴兆骞的词的时候，被其中饱含的深情所感动，纳兰容若流泪了。

他突然发觉，自己与顾贞观原来都是同样至情至性之人。

情之一物，矢志不渝，又何妨去管它是爱情，抑或友情呢?

于是，纳兰容若便借这首《金缕曲》，向忧愁不已的顾贞观表白了心意。

你的朋友也就是我的朋友，如今朋友有难，我又岂能视而不见、听而不闻?

“绝塞生还吴季子，算眼前、此外皆闲事。”

直自得不能再直白。

纳兰容若清楚地告诉了顾贞观，如今营救吴兆骞就是我目前最重要的事情，其他都是闲事，完全可以丢在脑后不管。

这首《金缕曲》，还有一个副标题，叫做“简梁汾”，全称是“简梁汾时方为吴汉槎作归计”。简，书信的意思；而汉槎，则是吴兆骞的字，所以这里又称做吴汉槎；作归计，思考救回吴兆骞的办法。总之，在标题上，纳兰容若就写出了自己的心意。

“五载为期”，我一定会想办法营救吴兆骞的！

这是纳兰容若对顾贞观的承诺。

五年之后，吴兆骞终于被营救，从宁古塔安全地回到了中原。

顾贞观与纳兰容若合力营救吴兆骞一事，不但轰动了整个京城，更是轰动了大江南北。

史载纳兰容若“不干”政事，虽然是权相明珠的长子，但向来与政事无缘，即使后来成为康熙皇帝跟前的御前侍卫，深为康熙信任，也从未见他对政事有任何感兴趣的地方，只有这一次，为了营救吴兆骞，他破例了。

不但是为了顾贞观，也是为了那无辜被牵连的名士吴兆骞！

在这一年，大学士明珠仰慕顾贞观的才学，便礼贤下士，聘请顾贞观为儿子纳兰容若授课。

于是，这对忘年交在情投意合、一见如故之外，还有了一层师生之谊！

“知我者，梁汾耳。”纳兰容若曾经这样说过。

在他的心目中，亦师亦友的顾贞观，俨然就是世界上另一个自己了吧？

别样性情，渌水亭始记

纳兰容若与好友们聚会，大多数都是在一处叫“渌水亭”的地方。

如今对“渌水亭”的所在，颇有争议，有说是在京城内的什刹海畔，也有说是在西郊玉泉山下，还有说是在叶赫那拉氏的封地皂田屯的玉河。总而言之，是一处傍水所在，更是纳兰容若一生之中，最具有标志性的建筑。

渌水亭是什么时候开始修建的呢？纳兰容若那次因为急病错过殿试之后，便开始编撰一部叫做《渌水亭杂识》的笔记，里面记载的，既有纳兰容若的一些读书心得，也有从朋友那儿听到的奇闻异事。

《渌水亭杂识》，无疑是在诗词之外，公子别样性情的表现。

野色湖色两不分，碧天万顷变黄云。
分明一副江村画，着个闲庭挂夕曛。（《渌水亭》）

有了渌水亭，想必纳兰容若是十分欢喜的，不然也不会专门写这首名为《渌水亭》的七绝。

他像是一个得到了新玩具的孩子，充满了好奇心与旺盛的求知欲。

比如娑罗树。

《渌水亭杂识》中记载：

五台山上的僧人们夸口说，他们那儿的娑罗树非常灵验，于是大肆宣传，俨然吹捧成了佛家神树，但是这种树并不只有五台山才有，在巴陵、淮阴、安西、临安、峨眉……到处都是这种源自印度的娑罗树，虽则同样为娑罗树，因为生长在不同的地方，也就有了不同的命运，有的名声大噪，有的默默无闻。

纳兰容若这个小记录，不无讽刺之意。

不要说人，就连树木，看来也是要讲究出身的啊，出身不同，命运也是截然不同的。

还有一些记载，则是显示出纳兰容若对事物的独特见解，其中不乏经世之见。

纳兰容若在《渌水亭杂识》中写过“铸钱”一事，是这样写的：

铸钱有二弊：钱轻则盗铸者多，法不能禁，徒滋烦扰；重则奸民销钱为器。然而，红铜可点为黄铜，黄铜不可复为红铜。若立法令民间许用红铜，惟以黄铜铸重钱，一时少有烦扰，而钱法定矣。禁银用钱，洪永年大行之，收利权于上耳，以求盈利，则失治国之大体。

只是这么两段话，看得出来，我们文采风流的纳兰公子，其实还是颇有金融眼光的。

他认为，铸钱有两个弊端，如果铸轻了，很容易被盗铸，也就是假币，会扰乱日常经济生活；要是铸得重了，那些不法之徒就会把钱重新铸为器皿。如果立法准许民间使用红铜，只用黄铜来铸重钱，应该就会少很多烦扰。

他的这个观点，倒是与后来的雍正不谋而合。

雍正推行币值改革，其中一项主要的措施便是控制铜源打击投机犯罪：熔钱铸器可牟厚利导致铜源匮乏，铜价升高，铸钱亏损。

雍正下令只准京城三品以上官员用铜器，余皆不准用铜皿，限期三年黄铜器皿卖给国家，如贩运首犯斩立决，同时稳定控制白银，保证铜源，稳定了货源以保铸造流通。

后来的乾隆皇帝，铸的钱被称为乾隆通宝，那些铜钱有的是铜锌铅合金，叫黄钱；有的再加上些锡，叫青钱。铸青钱可以防止铜钱被私自销熔，因为青钱销熔后，一击就碎，无法再打造成器皿。也在一定程度上遏制了不法之徒，稳定了货币流通。

由此可见，纳兰容若其实是颇有金融头脑的，他建议朝廷吸取明朝的教训，不要一味地追求盈利，应该把铸钱的权力收归国有，这样才会保证经济的稳定。

清朝的时候，确实吸取了明朝的教训，实行银钱平行本位，大数目用银子，小数目用铜钱，保证官钱质量，保证白银的成色，纹银一两兑换铜钱一千文，也算是控制住了货币的稳定。

诗乃心声，性情中事也。发乎情，止乎礼义，故谓之性。亦须有才，乃能挥拓；有学，乃不虚薄杜撰。才学之用于诗者，如是而已。昌黎逞才，子瞻逞学，便与性情隔绝。（《渌水亭杂识》第四卷）

在《渌水亭杂识》中，有着不少纳兰容若自己对于诗词的见解。

在纳兰容若看来，诗歌是心声的流露，要抒写心声，因为诗歌的写作是发乎情止乎礼的。而且在诗歌的写作中，要有学问，才不会去浅薄地杜撰，才会挥洒自如。

他一直在抒写着自己的心声，不加修饰，也不用华丽的辞藻，只是那么简简单单地，把自己的心声自然而然表达出来，却是那么的真实而感人肺腑。

诗之学古；如孩提不能无乳母也；必自立而后成诗，犹之能自立而后成人也；明之学老杜学盛唐者，皆一生在乳母胸前过日。

纳兰容若还认为，学习作诗要学习古人，就像小孩子不能没有乳母一样。小孩子是先要有乳母抚养，然后才能长大成人独立的，学习作诗又何尝不是这样呢？前人的诗句就好比是乳母，学习的人就好比小孩子，需要先尽心尽力去学习前人的诗句，然后才能独立。

其实仔细想一想，这和我们现在的学习又有什么不一样呢？

学习之道，古往今来，一脉相承。

师者，传道授业解惑也，那么，学作诗又何尝不是在学习前人经验的基础上前进呢？

熟读唐诗三百首，不会作诗也会吟，便是这个道理。

自五代兵革，中原文献凋落，诗道失传，而小词大盛。宋人专意于词，实为精绝，诗其鏖饭涂羹，故远不及唐人。

自从五代战争连连，世道混乱之后，中原文化便凋落了，诗歌衰落失传，而填词则兴盛了起来。宋代的人都喜欢填词，专心于此，所以成就极高，但是他们并不喜欢作诗，所以在诗上面，远远不及唐代的人。

诚然，我们现在一说起中国的古典文化，提到的都是“唐诗”“宋词”能够作为一个时代的象征，定然是因为在这方面有着其他时代所无法企及无法超越的成就，而唐诗宋词，正是如此。

曲起而词废，词起而诗废，唐体起而古诗废。作诗欲以言情耳，生乎今之世，近体足以言情矣。好古之士，本无其情，而强效其体，以作古乐府，殊觉无谓！

有了曲子，词便荒废了，有了词，诗便被荒废了，唐诗兴盛起来，古体诗便渐渐没落。作诗不过是为了抒发心声，所以我们生活在现在这个时代，用近体诗就可以了，不用勉强自己去用那古体诗来抒情。那些好古之人，本来没有什么心情要抒发，只是为了仿古而勉强自己写作乐府，实在是觉得有些莫名其妙。

花间之词为古玉器，贵重而不适用。宋词适用而少贵重，李后主兼有其美，更饶烟水迷离之致。

纳兰词一向被评价为有后主遗风，这是举世公认的。

陈其年在《词话丛编》中写道：“《饮水词》哀感顽艳，得南唐二主之遗。”而唐圭璋也在《词学论丛·成容若（渔歌子）》中这样说过：“成容若雍容华贵，而吐属哀怨欲绝，论者以为重光后身，似不为过。”

“重光”便是后主李煜，而李煜的字，正是“重光”。

不管是当时的人也好，还是现在的人也罢，对纳兰容若的词深得后主遗风的评价，是见解一致的。

而纳兰容若自己呢？

对李后主，纳兰容若推崇备至。

花间之词为古玉器，贵重而不适用。宋词适用而少贵重，李后主兼有其美，更饶烟水迷离之致。

在纳兰容若看来，《花间集》这部中国最早的词总集，就像是贵重的古代玉器一样，漂亮却并不实用。

确实，《花间集》词风香软，用香艳堆砌的辞藻来形容女子，内容不外乎离愁相思、闺情哀怨，倒是开了历代词作的先河，更从张泌的《蝴蝶儿》一词句子“还似花间见，双双对对飞”中得名，香艳旖旎可见一斑。这也就难怪会被纳兰容若形容为古玉器，贵重却不适用了。

而到了宋代，李后主、晏殊、欧阳修、柳永、秦观、周邦彦、李清照等人，上承花间词，去其浮艳，取其雅致，运笔更加精妙，反映的社会现实更广泛，从而更加婉转柔美或豪放壮阔，开一代别开生面的词风。

而宋词则是适用，却毫无那贵重之感。

在纳兰容若眼中，李后主却是兼得花间词与宋词两者的长处，兼有其美，而且更加具有烟水迷离的美感。

康熙十五年（1676年）的时候，京城里来了个南方的道士，作法颇为灵验，一时间名声大噪。

这位道士名叫施道源，长住在吴县太湖旁边的穹窿山，是个有名的人物，被康熙皇帝召见，来到京城，设醮祈雨。其实皇帝此举，大部分的目的还是在于稳定人心，不过也不知这位施道源是不是真的有些神奇的法力，那雨还真给他求了下来，顿时引得京城人都把他当神仙一样的崇拜。

施道源也并未在京城久留，法事做完，要回穹窿山。就在他离京之前，纳兰容若与他认识了。

一番长谈，纳兰容若知道了很多自己从未听说过的事情，也开始接触到一个自己以前从未考虑要去了解的世界。

那便是宗教。

“愿此受丹经，冥心炼金液。”

从此，纳兰容若开始对道教仙家有了兴趣。

自然，他并不是要出家，更不是要去修仙，他只是带着一颗特有的好奇心，想要去了解那个神奇的、玄妙的世界。

在《渌水亭杂识》中记载了这样一段话：

史籍极斥五斗米道，而今世真人实其裔孙，以符箓治妖有实效，自云其祖道陵与葛玄、许旌阳、萨守坚为上帝四相。其言无稽而符箓之效不可没也。故庄子曰：六合之内，圣人论而不议；六合之外，圣人存而不论。

其实就是说，史书对五斗米道严加斥责，但是现在的真人却正是当初五斗米道创始人的子孙，用符箓收妖很有功效。真人说自己的祖先与葛玄、许旌阳、萨守坚四个人是上帝的四种相貌，这话有些无稽之谈，但是他符箓有用却是实实在在的。所以庄子曾经说过：“六合之内，圣人论而不议；六合之外，圣人存而不论。”

从这里我们可以看得出来，纳兰容若对于道教，对于所谓的“修仙”，还有那些神奇的玄妙的事情，其实是抱着一种好奇的心态，不否认，也不承认，只是远远地观看着，感受着其中的有趣之处，然后记录下来。

这个时候的纳兰容若，还并不知道，自己在几年以后，会开始对佛法感兴趣，还为自己取了一个“楞伽山人”的号。

群贤毕至，叹别易会难

康熙皇帝在平定了三藩之乱后，清廷的国势基本稳定下来。康熙皇帝开始考虑到如何笼络那些前朝的遗老与文人的问题，于是，便在正常的科举考试之外，临时增设了“博学鸿词科”，采用举荐与考试相结合的方式，给予被录取者官职。

开设此科的目的十分明显，想用怀柔手段来笼络明末遗老名士，转为自己所用。所以，在《清圣祖实录》中这样记载，康熙曾称：

一代之兴，必有博学鸿词振起文道，阐发经史，以备顾问。朕万几余暇，思得博通之士，用资典学。其有学行兼优、文词卓越之士，勿论已仕未仕，令在京三品以上及科道官员，在外督、抚、布、按，各举所知，朕将亲试录用。

有了皇帝的命令，各级官员开始奉旨举荐，不少遗民都被列入了举荐的名单之中。康熙又下诏编撰诸经解以及《古今图书集成》。

康熙十八年（1679年）的时候，博学鸿词科正式开始，当时天下名士几乎都会集到了京城。

当然，并不是所有的人都想要去进士及第，像顾炎武、黄宗羲、傅山等大家，则冒着杀头的危险，公然说“博学鸿词，不如轻歌曼舞”，公然拒绝了清廷的招揽。

但是像朱彝尊、严绳孙、姜宸英等人，却陆续来到了京城。后来，更是一举入选，入了翰林院撰修《明史》。

对纳兰容若来说，最让他感到高兴的，就是天南地北的好友们如今又都会集到了京城，自己的渌水亭，只怕是又要热闹起来了吧?

出郭寻春春已阑，
东风吹面不成寒，
青村几曲到西山。
并马未须愁路远，
看花且莫放杯闲，
人生别易会常难。（《浣溪沙·郊游联句》）

顾名思义，这是一首联词，就是一人一句，连缀成篇。参与者分别是陈维崧、秦松龄、严绳孙、姜宸英、朱彝尊与纳兰容若。

这是在大家都会集到京城之后，渌水亭的一次郊游时，不知是谁突然提出这个建议，于是众人纷纷响应，联出了这首《浣溪沙》。

在当时，最轰动的事情，莫过于马上即将举行的博学鸿词科的考试，万众瞩目，也是万众期待。

康熙十七年（1678年）的年底，一群天南地北，平时只闻其名而从未见过的各地名士们，都在渌水亭，在纳兰容若的介绍之下，相互见面了。

其实他们来到京城，也未必是自愿的，有些人不过是迫于压力而不得已为之，例如严绳孙。

他本来是抱着“君看沧海横流日，几个轻舟在五湖”的心态来到京城的，借口眼睛有毛病，在殿试的时候写完一首《省耕诗》就交卷跑掉了，哪知康熙皇帝久闻严绳孙的名声，钦点“史局中不可无此人”。结果，严绳孙还是没能像自己理想中的那样，五湖泛舟，反倒是进了翰林院，不得不说是造化弄人。

但是对于能在渌水亭中与纳兰容若，还有其他好友们再度重逢，严绳孙还是十分高兴的。

在当时，大家的心情都是十分愉快的，从他们联的词中也可以看得出来，很是欢畅。

“出郭寻春春已阑”——陈维崧

“东风吹面不成寒”——秦松龄

“青村几曲到西山”——严绳孙

“并马未须愁路远”——姜宸英

“看花且莫放杯闲”——朱彝尊

“人生别易会常难”——纳兰容若

前面五句，都是一派的欢欣之意。对这群除了纳兰容若之外都已经年近中年的文人们来说，在这首词中，难得地表现出一种蓬勃向上的生命力，仿佛青春又再度返回了他们的身上一般。

到村子外面去寻找春天的痕迹，但是春天早已经过去了，哪里还能找得到呢？即使如此，那拂面而来的东风，并未让人感觉到丝毫的寒意。大家一路欢快地唱着歌到西山去郊游，即使再远的路，有好友相伴也并不觉得遥远。这时候，朱彝尊则提醒大家，在赏花的时候，也不要放下手中的酒杯，要尽情欢乐才是。

这五句，虽然是不同的人所作，但是不约而同地流露出一种欢畅的气息，最后一句，却结束于纳兰容若的一句“人生别易会常难”。

此时，纳兰容若刚刚经历了丧妻之痛，即使如今好友们再度重聚，也并没有冲淡他心中的忧伤与哀愁，所以，自然而然地，即使是在这样的时刻，他依旧在不知不觉中发出了这样的悲叹。

人生别易会常难。

我们今天能够像这样欢乐地聚集在一起，是多么的难得啊！

分别是如此容易的事情，而相聚却是如此的困难。

与自己的这些至交好友们在一起，在这渌水亭，高谈阔论，议论着自己最心爱的诗词，不用去理会外界的一切风风雨雨。

在纳兰容若的心中，他想必也是想能够一直这样欢乐下去的吧。

且今日芝兰满座，客尽凌云；竹叶飞觞，才皆梦雨。当为刻烛，请各赋诗。宁拘五字七言，不论长篇短制；无取铺张学海，所期抒写性情云尔。（《渌水亭·宴集诗序》）

文人的游戏方式很多，像之前的《浣溪沙·郊游联句》就是一种。若要举例，《红楼梦》中倒是不少，大观园中，贾宝玉、林黛玉、薛宝钗、探春等人结了海棠诗社，或者限定韵脚各写诗句，或者就是在限定的时间内完成命题诗。而在渌水亭，文人们的游戏，想来也差不多。

在后来记录这次欢聚的《渌水亭·宴集诗序》中，纳兰容若这样写道："当为刻烛，请各赋诗。宁拘五字七言，不论长篇短制。"

很好理解，就是说，他们把蜡烛刻上刻度，限定了时间，然后各自赋诗。

十分的文雅。

纳兰容若一贯主张"性灵"，是说在填词写诗的时候，要遵从自己的心声，描写心意，抒发出自己最真挚的情感，才能感动其他人。在这篇诗序中，他再一次专门提起"无取铺张学海，所期抒写性情云尔"，强调"性灵"才是创作的关键与宗旨。

而因为他自身的性格原因，还有经历，在繁花似锦的时候，他总是会看到一些表象之外的东西。

又疑此地田栽白璧，何以人称击筑之乡；台起黄金，奚为尽说悲歌之地！

偶听玉泉呜咽，非无旧日之声；时看妆阁凄凉，不似当年之色。此浮生若梦，昔贤于此兴怀；胜地不常，曩哲因而增感。

当众人都为金碧辉煌的宫殿而感慨的时候，他却想到了时代的兴替。再华丽的宫殿，也抵不过时间的洪流，如今再看，废墟凄凉，完全没有当年辉煌的影子。

当真是浮生若梦。

藕风轻，莲露冷，断虹收，正红窗初上帘钩。田田翠盖，趁斜阳鱼浪香浮。此时画阁垂杨岸，睡起梳头。

旧游踪，招提路，重到处，满离忧。想芙蓉湖上悠悠。红衣狼藉。卧看桃叶送兰舟。午风吹断江南梦，梦里菱讴。（《金人捧露盘》）

在纳兰容若的好友之中，有一个经常出现的名字，那便是严绳孙。

严绳孙，字荪友，又字冬荪，号秋水，江苏无锡人，非常擅长画花鸟、人物，而且也擅长诗词，著有《秋水集》。

他是明朝的遗少。他的祖父就是明末时候的刑部侍郎严一鹏，也算是名门之后。明朝灭亡，清廷入关之后，他便断绝了入仕做官的念头，一心投入了诗词与书画的世界。

他本来无心进入官场为清廷效力，连殿试都是敷衍了事，哪知却偏偏逃不脱入仕的命运。

严绳孙后来还是不可避免地当了官，没做几年，昔日的好友之间，也渐渐地开始有了这样那样的矛盾。

纳兰容若往日的书法老师高士奇，渐渐得到康熙的重用，但是高士奇却与纳兰容若的好友朱彝尊、秦松龄等人有着过节。在这官场的角力中，本来就无心官场的严绳孙，见好友朱彝尊被贬官，秦松龄也被夺去了职位，更加对官场失去兴趣，毅然抽身，返回自己的家乡专心画画去了。

他本来就打算以明朝遗少的身份终老一生，这样的结局，对他来说也并无不妥。

只是对纳兰容若来说，遗憾的，自是好友一个接一个地离去。

英年早逝，因果众纷纭

康熙二十四年（1685年）五月三十日，容若因七日不汗病故，是年三十一岁。

三十一岁，正是刚过而立之年的时候，纳兰容若已经从最初的三等侍卫，升到了一等侍卫。

这一年，沈宛离开了。四月的时候，严绳孙也离开京城。

严绳孙请了假，说要南归省亲，其实就是弃官不做，回家乡专心作画了。纳兰容若知道好友去意已决，也并未执意挽留。

当时他们都还天真地认为，即使分别，也总还有再见的一天！

那时所有人都没有想到，纳兰容若的人生，竟会永远地定格在这一年的五月三十日，在他亡妻卢氏逝去的同一天。

对于纳兰容若的死因，官方记载向来语焉不详，就是一句“寒疾，不汗而亡”便轻描淡写地略过，后来有学者研究，众说纷纭，但大体可归为以下几种：

寒疾，忧郁自杀，天花说，还有被害说。

“被害”这种说法，据说是出自《李朝实录》，康熙二十八年（1689年）的时候，朝鲜使臣发回朝鲜国内的一份别单。

别单上写的，都是这位朝鲜使臣的所见所闻，其中有这么一句“又有成德者，满洲人，阁老明珠之子，自幼文才出群，年才二十擢高第入翰苑为庶吉士。皇帝嫉其才，而杀之。明珠因此致仕而去矣”。

简单地说，就是因为纳兰容若才华出众，康熙皇帝嫉妒了，于是命人暗中害死了他，明珠在后来渐渐在仕途上失利，最终被罢相。

说的倒是有板有眼的，不过倒是不太可信。

还有一说，纳兰容若是康熙年间一场失败的外交政策的牺牲品，被迫自杀，不过纳兰容若到死为止，官职都只是一等侍卫，难以跟外交沾上什么关系。还有一种，便是“天花说”。

天花是一种烈性的传染病，在当时医疗条件不发达的情况下，这种疾病是很致命的，据说顺治就是死在此病上，而康熙皇帝能够继承皇位，很大一个原因也是因为他幼年时候得过天花，有了免疫力。

从顺治皇帝得痘疹到病亡，病期只有六天，纳兰容若从生病开始，也只有七天的时间，便永远地离开了这个世界。

韩提在《神道碑铭》中这样提过一句：“而不幸速病，病七日遂不起。”徐乾学也写过纳兰容若“其葬盖未有日也”。翁叔元写过：“康熙二十四年五月晦，己丑，我容若年世兄先生捐馆舍，叔元往哭于其第。既殡，往哭于其位次。越三日再往，阁人辞焉。又十日偕同馆之士五人旅拜于儿筵哭如初。又八日，以天子命出殡于郊外。……于骊车之出也，姑为相挽之词以饯之。”

流传最广的，在官方记录上言之凿凿的，就是“寒疾说”了。

其实从纳兰词中去看纳兰容若的人生轨迹，我们可以发现，纳兰容若那光彩夺目的一生当中，始终潜藏着一个阴影，那便是“寒疾”。

康熙十二年，十九岁的纳兰容若正在准备参加殿试的时候，就因为一场突如其来的寒疾，在病榻之上躺了数月，错过了这场殿试。寒疾导致他错失了这一次的殿试，而且在他今后的岁月中，也是像幽魂一样，不时地出现，让纳兰容若深受其苦。

另外，丧妻之痛、好友的过世与远离，还有对侍卫生涯的厌恶，都开始像毒药一般一点一点地侵蚀着纳兰容若的生命。纳兰容若自身的心结未能解开，一年一年的郁结，最终和寒疾一起，成为夺走他短暂生命的祸患。

就在纳兰容若过世的这一年秋天，沈宛生下了他的遗腹子富森。

第二年，也就是康熙二十五年（1686 年），纳兰容若葬在了叶赫那拉氏的祖坟所在的皂甲屯，与妻子卢氏葬于一处。

纳兰容若的生前好友们，纷纷撰写悼文，怀念这位天才的词人。

人生若只如初见。

下篇 • 有匪君子，横绝一代为词生

情生情死，逝者如斯，生者如斯。惊才绝艳的少年懂了情，却也负累一生。纳兰心事谁人知？也许一切尽在《纳兰词》。

缱绻情愫，多情但无言

浣溪沙

十八年来堕世间，吹花嚼蕊弄冰弦。多情情寄阿谁边？
紫玉钗斜灯影背，红绵粉冷枕函边。相看好处却无言。

【赏析】

这首词很有可能是纳兰容若为小时候青梅竹马的女子而作的。词句开篇变化用了《仙吏传·东方朔传》的典故：

朔卒后，武帝得此语，即召大王公问之，曰："尔知东方朔乎？"公对曰："不知。""公何所能？"曰："头善星历。"帝问："诸星皆且在否？"曰："诸星俱在，独不见岁星，十八年今复见耳。"帝仰天叹曰："东方朔生在朕傍十八年，而不知是岁星哉！"惨然不乐。

主要是讲东方朔死后，汉武帝召见大王公问东方朔的情况，最终得知东方朔是伴随了自己十八年的岁星的故事。纳兰以坠入凡间的岁星东方朔来化比与自己青梅竹马的女子，立即使那个女子蒙上了神秘而富有灵性的面纱。

第二句以花、蕊及冰弦，这三种芬芳、娇嫩、冰清玉洁的美好事物来装饰女子，又分别配以吹、嚼以及弄三个优雅的举动。词人根本无须着过多笔墨来描写女子的服饰和外貌，只消这三种事物和这三个动作，便让女子鲜活清丽、优雅脱俗的气质跃然纸上了。

第三句便把纳兰的情感从回忆中拉了回来。面对现实，伊人已逝，纵使纳兰有千般万般之情愫又能向谁述说？无奈，无奈，只得沉吟低叹。

词的下阕又将画面从现实转回到过去，纳兰词的婉约在“紫玉钗”一句体现得淋漓尽致。词人不选择正面描写美娇娥的姿态，只是通过一个简单的背影，也将女子写得如此妩媚动人。情景交融，孤灯之下，一位少女背身而卧，只有红绵枕相伴，只有紫玉钗在灯影一种摇曳着寂寞，就连脸上的脂粉也因孤单而清冷。

最后一句，可谓是全词的经典之笔。此时的少女已经不再孤独，因为出现了个有情人和她作伴。两人依旧寂静无言，却是心照不宣，“此时无声胜有声”，无须过多的言语，无需过多的动作，两人的情意全部融在相互的凝视对望之中了。就是因为女子的好，好得恰如其分，正如宋玉所言：“增之一分则太长，减之一分则太短；著粉则太白，施朱则太赤"，使得词人难以用任何语言来形容描绘，因为过多的语言只会破坏这份美好。同时，也正因为两人心有灵犀，这种无言的赞美在女子看来也是颇具一番韵味的。

词人和女子故事的结局，很可能是不幸的，不然纳兰怎会发出“多情情寄阿谁边”的感叹？但是留在词人心中的美好总是抹不去的，虽然“人面不知何处去”总带有点点悲凄，但是“桃花依旧笑春风”却也总能把人的记忆定格在那个“人面桃花相映红”的幸福的时间点上。

愁绪断肠，往事却寻常

浣溪沙

谁念西风独自凉，萧萧黄叶闭疏窗。沉思往事立残阳。
被酒莫惊春睡重，赌书消得泼茶香。当时只道是寻常。

【赏析】

这首词讲述的是纳兰性德对于往日美好生活场景的回忆。全词没有采用回忆惯用的倒叙手法，开篇还是从描写当下的情景直接入手。秋天是悲伤的季节，秋风属金，金克木，则万物萧条。词人借用西风、黄叶、疏窗、残阳的意象，来烘托自己心情的悲凄，当看到这些景物时，心头则涌起了对往事的回忆。

“谁念西风独自凉”，“独自凉”的不是西风，而是词人自己，凉的是词人的心情，这是一种伴着孤独的凄凉。词人心情本就寂寥悲苦，加之秋风带有瑟瑟之寒气，岂不更让词人觉得自己被重重寒意包围，悲哀无限了吗？

“萧萧黄叶闭疏窗”，黄叶纷纷而下，词人心境亦然，往事的回忆如同下落的黄叶一般，一片接着一片覆满词人内心。黄叶遮蔽了疏窗，而曾经的一切也渐渐遮蔽了纳兰容若的心房。于是，便开启了词人在斜阳中对过去之事的沉思默想。

下阕的前两句，化自宋代女词人李清照和赵明诚之间的恩爱生活，用于此处，显然是纳兰借此来描写自己从前的生活。纳兰性德和卢氏之间既举案齐眉又不失浪漫风趣，他们一起写字临帖，用赌书的方式比赛记忆力，其乐无穷。有时一人因胜利的兴奋而不小心打翻了茶杯，双方之间没有责骂，也没有怨言，只留下茶香四溢。这是怎样的一种心神愉悦啊！但是，李清照和赵明诚的爱情故事不是圆满的，夹杂着国破家亡的无奈，两人被迫南迁，历经了种种沧桑巨变，两人欢愉难继，阴阳两隔。

纳兰和卢氏的爱情又何尝不是重演了李赵的悲剧呢？卢氏的音容笑貌依旧留在纳兰的心中，但是她却已经远逝而去，令人不禁怅然若失。下阕的最后一句将这种惨然之情推到了最高峰，“当时只道是寻常”七个字真的可谓是字字泣血，字字嗟叹。每个人都只有在失去之后才懂得珍惜，但是总是为时已晚。当时认为是最最寻常的事物，在失去之后总也会变得那么不寻常，让人万般思念，难以释怀。七字之中似乎也包含着词人深深的悔恨，恨当初没有珍视这种美好，没有为妻子投入更多更深的爱。

这种惨然与悔恨之感也同时与上阕的西风、黄叶、残阳的意象相互呼应，营造了一幅景悲、人悲、情更悲的画面，不禁令读者的心也为之一颤。

惆怅人间，闻笛忆平生

浣溪沙

残雪凝辉冷画屏，落梅横笛已三更，更无人处月胧明。

我是人间惆怅客，知君何事泪纵横，断肠声里忆平生。

【赏析】

纳兰容若的词，总是隐藏着一种淡淡的忧愁和伤感，这不是词人故意做作，无病呻吟，而是词人的身世、性格、气质所致。这首词可谓这种风格的代表之一。

词的上阕用各种意象，勾勒出了一幅清冷孤单幽寂的画卷。雪已经落尽，江南的雪最是柔美，风姿绰约。鲁迅曾在杂文《雪》中写道："(江南的雪) 那是孤独的雪，是死掉的雨，是雨的精魂"。而在纳兰眼里的雪，也不正是一样的孤独，似乎还带有淡淡的死掉的味道吗？残月将幽幽的银辉撒在残雪上，映着那富丽的画屏也一样的清冷，看到"残雪凝辉冷画屏"时的纳兰容若的心境，是否也和曾经吟诵过“银烛秋光冷画屏”的杜牧一样，为自己的有志难酬而悲凉不已呢？

眼望着浸润在冰冷月光中的银色世界，词人的耳边又传来了幽咽的笛声。笛声箫声，在中国古代的诗词歌赋里，向来就是愁绪的化身，“羌笛何须怨杨柳，春风不度玉门关”，“二十四桥明月夜，玉人何处教吹箫”，“不知何处吹芦管，一夜征人尽望乡”，写不尽的离愁别绪都在幽幽的笛声箫声中淋漓尽致地展现着。在这个季节里，梅花也开败了，落英纷纷，而时间也渐渐转入了深夜。景色的萧条，再加上夜的寂寞，也深深地影响着词人的心境。月不是清凉的，反而是朦胧的，不仅没有驱散纳兰心中的忧愁，反倒徒增更多忧伤。没有人相伴，词人的思绪也慢慢回到了往事之中。

词的下阕是词人听到笛声之后的有感而发。于是，词的发展便从对于景物的描写渲染过渡到了词人情感的直接抒发，“我是人间惆怅客”一句可谓是全词情感的高度概括和总结。纳兰容若是康熙时期宰相纳兰明珠之子，论出身，论家世，论才学，应该可以在朝廷中谋取一个好位置，但是事情总是不能遂人愿。由于纳兰家族在朝中势力过大，引起了康熙帝的忌惮，因此，容若只担任一个看似风光而实为摆设的御前侍卫之职，空有一身才学无处施展，对于一个有抱负的才子来说，再惆怅不过如斯！这一句中，纳兰又将自己设置为天地间的一个过客，仿佛经历了这些起起落落之后，世间万事已与己无关，因为自己已经无法成为主导，不如退居一旁，成为一个旁观客更好。

而正因为纳兰是“惆怅客”，所以听到有人的笛声呜咽如此，仿佛沉沉的哭泣之声，他便能够懂得其中的原因。也许那也是一个和纳兰一样空有一身才学而无处施展的人。不知这笛声是否能为纳兰在人生的低谷中寻见一个和他有着相似人生经历的知音呢？

笛声断肠，只为想起往事；无限哀怨，同时又与上阕残雪、冷月、落梅的景致相互交映，惆怅之情仿佛即将直接从纸间倾溢而出了。

道是无情，酒醉情暗生

摊破浣溪沙

一霎灯前醉不醒，恨如春梦畏分明。澹月澹云窗外雨，一声声。

人道情多情转薄，而今真个不多情。又听鹧鸪啼遍了，短长亭。

【赏析】

词牌“摊破浣溪沙”其实就是词牌“山花子”，它是从词牌“浣溪沙”的格律里幻化出来的。“浣溪沙”上阕和下阕的最后一句原来为七个字，而“摊破浣溪沙”则是把一句七字变为了两句十字（前一句七字，后一句三字），“摊破”便由此而来，而因为其他格律依然与“浣溪沙”相同，故名“摊破浣溪沙”。

因为愁绪无限，所以词人学习李太白“借酒消愁”，但是想到“借酒消愁愁更愁”，生怕醒来后的现实与醉酒中的梦境差别太大，于是词人宁愿选择自己在酒中长醉不醒，从而将世间无穷无尽的烦恼一一屏蔽。窗外淡淡的月光和丝丝的行云依旧，耳边传来的是滴滴答答的雨声，这雨声也如纳兰心中的愁绪一样点点滴滴。词人把“一声声”三字放在句末，好似愁绪也如雨点般，一滴滴打在自己心头，雨不停，愁也将无尽。醉中听雨，这与蒋捷笔下醒时听雨的“悲欢离合总无情，一任阶前，点滴到天明”，有些许异曲同工之妙。

该词依旧是采用上阕景，下阕情的写法，但是王国维说过“一切景语皆情语”，上阕的写景显然为下阕的抒情作了足够的情感铺垫，所以水到渠成，感情顺势倾泻而出。物极必反，纳兰觉得人只要多情多到了极点，那么他反而就是一个不那么多情的薄情之人了，如今自己就是这个情形。“真个”两字可谓用得绝妙，词人想要强调自己已经不多情了，真的不多情了。但是，在紧接的下一句中，纳兰笔锋一转，又从情语跳回了景语，此句写到的是鹧鸪的啼鸣之声。在古人的心中，鹧鸪的叫声同杜鹃的叫声一样，是包含着一定含义的。在他们听来，鹧鸪的叫声是“行不得也哥哥”，在十里长亭送别之时，鸟儿的叫声也似乎在不停地挽留行人不要远行。人心匪木匪石，鸟儿尚如此惜别，何况那些在为游子送行的人们呢？

所以从词的最后两句来看，不禁使人产生了这样的疑问，词人真的不多情了吗？如果真是这样，那么，他怎么还会有心去注意那包含着深深不舍之情的鹧鸪的啼鸣之声呢？而且，该句起笔用的是“又听”二字，这不正在含蓄地表明词人已不是一次被这种鸣叫所感染了吗？此时，谁还能说纳兰容若“而今真个不多情”了呢？

全词以景收尾，不断的鹧鸪声也同上阕不断的雨滴之声形成了相互回应，于是，全词就回环在一种连绵不断的愁绪之中，将“浣溪沙”上下阕末句从七字化为十字，也使得这种愁绪显得分外悠长了。

蓦然邂逅，踟蹰难成眠

如梦令

正是辘轳金井，满砌落花红冷，蓦地一相逢，
心事眼波难定。谁省？谁省？从此簟纹灯影。

【赏析】

暮春时节，纳兰容若信步井边。值得注意的是，此井并非寻常之井，而是施有精致图案的雕栏之井。此处看似无意的两字，足以显示当时纳兰家族的身份地位。词人看着片片花瓣落满井边，井边的地由于井水的缘故本来就是湿湿滑滑的，落英铺地，沾上点点水滴，更显得楚楚可怜，令人不忍践踏。“红”本是极为温暖的色调，但是纳兰却以“冷”字来形容落花，更反衬出当时词人心中“冷”的味道。因此，无论面对何物，无论此物的颜色是何等温暖，何等艳丽，纳兰的心情永远是这样的寥落，如暮春，如落红，冷冷清清。

也就是在这样一个萧条而又浪漫的时节里，纳兰邂逅了一个

人，“蓦地”两字，体现出这次相会的突然和惊喜。词中没有言明这个人的身份，但是这个人的的确确对纳兰的生活产生了十分深刻的影响。可能是纳兰遇到了一个他为之心动的女子，只是那幽幽的一望，便激起了纳兰心中层层的涟漪，让词人“眼波难定”。

也正是因为只有这惊鸿的一瞥，让词人心中萌生出了暗暗的情愫，他也许几千几万遍地在心中默念过这样的问题：“我们今生是否还有缘再次相见？”“她的依恋是否也如我对她的依恋那样深沉？”情人之间的心境总是不确定的，令对方难以捉摸。所以，想到此处，词人也就“心事难定”了。

诗的下阕便从情人间淡淡的却又是甜蜜的纷纷扰扰，转向了绵延不绝的忧忧郁郁。“谁省？谁省？从此簟纹灯影”十字，将这种心情的突变展现得十分充分。来自一次匆匆偶遇的感情，是否能够开花结果？对方的心境，词人不了解，今后的世事，词人亦无法预见，一切都是未知数。由于纳兰无法预料他们两人情感的最终结果，他的心情于是也在欣喜和恐惧之间上下波动着，但是随着时间的推移，纳兰心头的恐惧渐渐占据了上风，覆满了整颗心。“簟纹灯影”的意象，又是那么孤独，那么寂寥，正好映衬着词人寂寞的自己，在孤枕上翻来覆去，难以成眠。

纳兰的愁苦来源于对未来的不确定，于是愁肠难解。有人认为这种忧愁是纳兰自己促成的，怨不得他人，这可能是真的。但是也正是因为纳兰性德这种天生的忧郁气质，才使他成为了中国文学史上一颗耀眼的明珠。

怀古伤今，怨壮志难酬

蝶恋花·出塞

今古河山无定据。画角声中，牧马频来去。满目荒凉谁可语？西风吹老丹枫树。

从前幽怨何处诉。铁马金戈，青冢黄昏路。一往情深深几许，深山夕照深秋雨。

【赏析】

纳兰性德在关外巡查时，看到眼前的种种情景，引发了种种联想，于是便写下了这首《出塞》词。

词一开篇，词人并没有歌颂自己在关外看到的不同与京城的壮美景色以及军士们在营中操练的昂扬斗志，却吟出一句“今古河山无定据”，令人感慨万千。纳兰是康熙年间的词人，此时清朝的国力颇为强盛，但是天生惆怅的纳兰眼望大好河山，反而流露出了同乱世时期的文人一样的感叹，他叹政权更迭，反复无常，叹历史兴亡，循环往复。

耳边传来军营中吹响的号角声，只见战士们一个个整装待发，横刀跨于马上，听得长官一声令下，便开始牵引着自己的战马来来回回，操练着阵型。这种振奋人心的场面在纳兰心中却没有激起丝毫的激情，联想到“今古河山无定据”，那么操练军队，兵强马壮又有什么意义呢？一切都有上天注定，到时候该灭亡的还是逃脱不了灭亡的命运。想到这里，不禁使词人将满眼的宏伟变成了满目的荒凉。

眼前的军队，耳边的角声渐渐隐去，词人真切地体会到的只有飒飒的西风带着秋天的杀气迎面而来，仿佛吹老了枫树，让它不再生机勃勃，同时也吹老了纳兰的心。

下篇的第一句便点出了为何面对大好河山，词人会满目苍凉的原因，那是因为词人有怨恨，却找不到倾诉的对象。词人到底在怨什么呢？后两句则揭开了怨的真面目。纳兰在怨自己虽身为御前侍卫，却无法如同他眼前的战士那样横刀策马于沙场之上，空有一身才干却无处施展，就好比王昭君貌美如花，只是因为没有贿赂毛延寿，所以不但没有得到汉明帝的宠幸，反而落得远嫁匈奴的下场。纳兰除了怨自己壮志难酬，同时也在用“铁马金戈，青冢黄昏路”含蓄地指出清朝入关以来各部族之间的纷争连续不断，从而呼应了上阕的“今古河山无定据”，只因纳兰身居朝堂，不好直接表明自己否定的态度罢了。

纳兰对自己的抱负是执着的，用情至深，可是现实却总是无情地将他的执着一次一次地打到谷底。想到此处，词人心情极其沉痛，可是又感到一切安慰自己的话全都是多余的，于是词人也不再着手直接描绘自己内心的仇怨，转而开始将自己难以排遣的情感寄托在了四周的景色之中。可是纳兰眼里看到的依然是“深山夕照深秋雨”，幽深的山谷，将落的夕阳，冰冷的秋雨，没有一个意象是能够使人为之一振的，这并不是上天故意和他作对，而是他寥落的心境只能指引着他的眼睛捕捉到那些和他的心一样凄苦的景。

全词妙就妙在最后一句，一般来看，诗词的结尾都会以抒情的方式来展现，以便奏响情感的最强音，但是纳兰却以景来结尾，看似要将自己的忧愁化解在无言的风景之中，实则使读者倍感言有尽而意无穷，令人遐想无限。“深山”与“深秋”，又在音律上形成了一种回环往复的音乐美，正好衬托出词人的愁苦连绵不绝，才下眉头，却上心头。

昼夜转瞬，物事看不同

采桑子

那能寂寞芳菲节，欲话生平。夜已三更，一阕悲歌泪暗零。

须知秋叶春花促，点鬓星星。遇酒须倾，莫问千秋万岁名。

【赏析】

纳兰性德的这首词，可能是有感于严绳孙辞官离去而作。严绳孙是清康熙年间的一位奇才，“江南三布衣”之一。传说他六岁时便能书写长宽一尺见方的大字。长大以后，严绳孙精通诗词书画，整日流连于山水之间，放浪于形骸之外。他曾经中过举子业，却因为淡泊名利，对此并不上心。在康熙十四年（1675 年）时严绳孙结识了另一位同样有才的青年公子，那便是纳兰性德，此后两人就成为了忘年之交。虽然严绳孙不断选择避世，远离官场，可是由于他名声在外，又才华卓绝，依然被康熙帝任命过大小各种官职。严在官场的生活还是很顺利的，一方面，因为他自己确实不徒有其名，另一方面，也因为他与世无争，与人为善的性格，使他在官场中并没有树敌结怨。他选择离开，既不是由于作奸犯科而被罢免，也不是由于仕途不顺壮志难酬而心灰意冷，而是出于严绳孙对从前无拘无束生活的向往。于是他在康熙二十四年（1685 年）选择了辞官，并且得到了康熙帝的恩准。

在离开帝都之前，按照古人的习惯，严绳孙是需要同故人话别一下的。于是，他便来拜访了纳兰容若。那正是一个人间即将芳菲尽的时刻，纳兰府邸的庭院里已布满了缤纷的落英。寂寞芳菲嗟叹春红落尽，大好的春光即将逝去，本来就是一件令人感伤的事情，可偏偏在这个时候，又恰逢旧友前来告别，无端地在主客二人心间平添了另一份忧愁。已是愁肠百结，岂能再话生平？

不知不觉时间流逝，转眼已是三更时分，莫逆之交的离开和韶光将尽的无奈，使得词人辗转反侧，难以入眠。为了消愁，只得为自己悲歌一阕，以此来一吐心中的不快，却没有想到歌声未尽之时，早已泪湿青衫。

离别和暮春交织在一起，更让词人感到时光逝者如斯，不舍昼夜，转眼间春花就变成了秋叶，再一转眼，秋叶又变回了春花。想起刘希夷在《代悲白头翁》中写道的“年年岁岁花相似，岁岁年年人不同”的感慨，如今用在纳兰自己身上再合适不过了。

时间一年又一年地过去了，词人除了觉得自己两鬓徒添白发，除了看着自己珍爱的人和物在不断逝去之外，没有其他任何东西值得人为之振作，因此感到阵阵恐惧和不安。纳兰不知道明年的此时还会发生怎样的变化，是否还会有突如其来的不幸降临在自己身上，将他心中仅剩的最后一点点欢愉也销蚀殆尽。

既然世事难料，那么何必去思考未来，折磨自己千疮百孔的心灵？不如今朝有酒今朝醉，让自己沉浸在酒中长醉不醒。曹孟德的话一点不假，“何以解忧，唯有杜康”，功名利禄全都是身外之物，既带不来也带不去，因此何必为此束缚一生呢？明日的命运已经看不到，更何况千秋万岁之后的声名，莫问莫问，还是学学刘伶吧。

零落凡尘，胡笳恋雪魂

采桑子·塞上咏雪花

非关癖爱轻模样，冷处偏佳，别有根芽。不是人间富贵花。

谢娘别后谁能惜，飘泊天涯，寒月悲笳。万里西风瀚海沙。

【赏析】

这首小令是纳兰性德陪同康熙帝巡游塞外时看到雪花纷飞有感而发所写成的，一说作于康熙十七（1678 年）年，另一说作于康熙二十一年（1682 年）。

纳兰的性格似乎更适合吟咏江南的雪，那滋润美艳之至的雪，那隐约着的青春的消息的雪。但如今，呈现在他眼前的偏偏是朔方的雪，如沙，如粉，绝不粘连，洒在帐上、地上、枯草上。可是，纳兰对于塞外飞雪却有着一种说不出的喜爱之情。

纳兰是爱雪的。他爱雪，不是因为它们体态轻盈，而是爱它们生于严寒又长于严寒的与众不同。正是严寒的考验，使得雪花与人间其他花朵极不相同，它们没有牡丹的富贵，也没有海棠的娇柔，它们只有独属于雪花的冰清玉洁。雪花只在寒冬开放，安静地从昏昏沉沉的天空中落下，安静地与冷寂的大地融为一体，不为吸引他人的欣赏的目光，只为绽放自己瞬间的优雅。不过，雪花一定没有想到，在那片的广袤大地上，立着一个和它们一样只能孤芳自赏的青年，他伸出双手，任雪花飘落在自己的掌心之上，看着它们融化成一颗颗小小的水滴，然后在他手心氤氲的热气中化为水汽。

只有纳兰懂得雪，也只有雪能够理解纳兰的痛。纳兰像雪花一样清新高洁，不受人间俗气沾染，所以纳兰也不愿意向世俗低下他那高傲的头颅，化作和牡丹、海棠一般的富贵之花来谄媚他人，他只愿意做自己。不愿媚俗的态度决定了纳兰只能像雪花一样美的短暂，像一现的昙花，一身卓绝的才华无处施展，只能对雪长叹。

独立于天地之间，只与雪花为伴，纳兰不禁问起自己，除了那个曾经吟咏过“未若柳絮因风起”的才女谢道韫，当今的天地间是否还有人和自己一样能真正怜惜雪花？答案似乎是否定的，所以现在雪花只能在这旷野之上四处漂泊，与它们相依相伴的也只有寒冷的明月和悲凄的胡笳之声。可是那究竟是朔方的雪呀！明知自己是孤独的，但是也要在落下凡尘之际轰轰烈烈一把。

“万里西风瀚海沙”一句写得极为壮阔，那雪花已不是谢娘眼中如柳絮一般温柔多情的雪了，而是同漫天黄沙夹杂在一起的，如粉尘一般，被西风席卷而去的雪，虽然不知最终将会落到何方，但是却义无反顾，这是怎样的悲壮啊！

鲁迅说过：“旋风忽来，（朔方的雪）便蓬勃地奋飞，在日光中灿灿地生光，如包藏火焰的大雾，旋转而且升腾，弥漫太空；使太空旋转而且升腾地闪烁。”纳兰眼里的雪可能没有这番生机与活力，可是那雪中着实蕴含着无限的力量，对世俗的眼光不屑一顾的态度，以及绝世独立的情怀，与鲁迅笔下的北方的雪确实有几分相像。

不甘于做富贵之花的纳兰性德最终和雪花一样没有得到世人的怜爱，但是，正是因为纳兰具有这种和雪花一样的“冷处偏佳，别有根芽”的气质，才使得他在精神上是一个独立的、自由的人。

百事皆非，命运奈若何

采桑子

而今才道当时错，心绪凄迷。红泪偷垂，满眼春风百事非。

情知此后来无计，强说欢期。一别如斯，落尽梨花月又西。

【赏析】

纳兰性德的这首词是用来怀念入宫的初恋之人，还是用来叹息自己和沈宛的爱情，至今也没有定论，不过无论是怀念初恋还是叹息旧爱，其中所包含的对爱情的感叹却是一致的。

“而今才道当时错，心绪凄迷”一句放在开篇，绝对是一个无由而发的感慨。这是怎么样的痛楚，才使他如此凄凉迷惘，甚至没有在词中做任何铺垫就迫不及待地从笔间流出？这或许只有纳兰自己才明了。旁人是无从了解体会的，因为他们甚至连“错”是什么，“错”在哪里都不知道，又怎么能够理解纳兰的心境呢？

“红泪偷垂，满眼春风百事非”，写的既是那个和纳兰分别后天各一方的女子，又是纳兰此时的自己。一别之后再难相见，想到此处，不禁伤心垂泪。可是又生怕别人看见，笑话自己拘泥作态，所以只好找一个无人的地方偷偷哭泣。眼前已是一番生机勃勃的春景，可是纳兰的心却像死了一般，怎么也活跃不起来。过去，每当吹面不寒的杨柳风开始吹拂之时，庭院里总会出现两个形影相随的身影，他们一起赏花饮酒，吟诗作对，嬉笑打闹，空气中到处荡漾着丝丝的芬芳。就算是飘雨的时候，他们甚至觉得从天空中落下的雨点也甜得仿佛是在蜜糖中浸过一样。可是现在，面对满眼的春风，诗人发出的只能是物是人非的感慨。以前令人觉得“百事非”的总是秋天的凄风苦雨，而现在连和煦的春风也惹得人悲伤叹惋，不禁让读者发出深深的疑问，纳兰的愁到底有多深？

词的下阕才缓缓揭开了纳兰“心绪凄迷”的原因，虽然明知二人被迫分开，以后再见的机会十分渺茫，可是，为了在分别之时不再平添忧愁，于是纳兰便强颜欢笑，不断地编织着谎言，向对方说着“将来一定能再见面”之类的话语。谎言重复一百遍以后，人们也就相信它是真的了，因此，可能是由于纳兰一遍又一遍地向自己的爱人讲述着日后还能相见的誓言，于是自己也开始慢慢地相信，相信后会有期。

可是谎言终究是谎言，即使纳兰不愿相信，但它还是假的。一别之后，欢期难至，漫长的等待化作无尽的相思，纳兰只能学着像古人一样，望天上云卷云舒，看庭前花开花落。但是，看云看花给纳兰带来的不是心境的平复，反而更加激起了他对世事无常、好景难在的感慨，曾经一同看花看月的两个人，现在不是隔着一道宫墙，就是隔着一条长江。梨花开了又落，落了又开，月亮东升西落，西落又东升，这些美好的事物在经历过一段不美好之后又能重得圆满，可是，纳兰和他心爱之人的情感为什么会是这样的无果，只能让悲伤在时光的年轮里循环往复，没有出路？

一别如斯，一次分别换来的却是一生的错过，无可奈何。此时纳兰只能让自己沉浸在梨花浮动的暗香之中，寻求一丝安慰。

眷侣难做，夜月忆翠娥

南乡子·柳沟晓发

灯影伴鸣梭，织女依然怨隔河。曙色远连山色起，青螺。回首微茫忆翠娥。

凄切客中过，料抵秋闺一半多。一世疏狂应为著，横波。作个鸳鸯消得么？

【赏析】

从古到今不知有多少诗词歌赋吟咏过牛郎织女动人的爱情传说，流传最广的可能要算汉乐府“古诗十九首”中的一篇了：

迢迢牵牛星，皎皎河汉女。
纤纤擢素手，札札弄机杼。
终日不成章，泣涕零如雨。
河汉清且浅，相去复几许。
盈盈一水间，脉脉不得语。

抬头仰望星空，纳兰容若看到的是一颗悬在天际的织女星，词人不禁问自己：“织女每日只能在天空里看着织机上的梭子穿行于经线和纬线之间，难道不闷么?”“织女年年只能在七月初七的夜晚和自己的挚爱见上一面，难道不怨么?”

想到此处，严密的心幕已经缓缓拉开了，纳兰的思绪飘回了离别多时的家乡。此时，在家中的闺阁中，房中的织机前，不正也坐着一个和织女一样忧伤叹惋而一夜没有合眼的女子吗？织女和牛郎被一道清浅的银河阻隔两岸，每年只有喜鹊为他们搭桥的时候才能相会一次，这是王母娘娘的惩罚，没有人能够更改。但是现在，自己和妻子也像牛郎和织女一样相隔两岸，无法会面，这却不是上天的旨意，而是人为的结果。

远处的山巅露出了淡淡的曙光，织女星也渐渐隐去了身影，山色和曙色交织成一片，朦朦胧胧。王观笔下有过“水是眼波横，山是眉峰聚”的名句，纳兰看着眼前的曙光山色，脑海中也浮现起了闺阁中妻子的眉眼。在自己远行之后，那眉头是否一直没有舒展开过？那眼中是否一直蕴含着晶莹的泪水？纳兰心中的茫然、苦楚和无奈随着晓风油然而生。

纳兰的一生奔波劳顿，常常客居他乡。“料抵秋闺一半多”可能是一笔虚写，但也不难看出词人和妻子聚少离多的场面。纳兰生性喜爱自由，喜爱狂放不羁的生活，可是，因父亲是当朝重臣，纳兰虽然享受着常人享受不到的荣华富贵，同时也需要作出常人无需作出的牺牲。而这些被迫牺牲掉的东西，偏偏又被纳兰视作宝贝，甚至比生命更加贵重。他的家世，令他一生为皇命所束缚，挣不脱，逃不掉。因为身受皇命，所以不得不一次次远行，落得一对恩爱的鸳鸯一只在这头，一只在那头。

下阕的结尾，纳兰吟出了一句无可奈何的感慨——“一世疏狂应为著，横波。作个鸳鸯消得么?”高官厚禄，封侯觅爵，纳兰可以全然不在乎，他只愿意在自己心爱之人面前真真切切地做一回自己，做一个“凤歌笑孔丘”的楚狂人，把官场里的一切一切都抛在脑后，置之不理。没有仕途的种种牵绊，他便可以和自己的爱人一起地做一对神仙眷侣，正如王实甫在《西厢记》中借崔莺莺的口说的那样：“但得一个并头莲，煞强如状元及第!”

或许这只是此刻纳兰的想法，回到现实中的纳兰又深深地陷入了两难的境地，一方面他想出人头地，大展宏图，另一方面他又厌倦仕途，愿作鸳鸯。可是此事古难全，所以纳兰也只好一直陷在隐隐的悔恨和幽幽的哀怨中，不能自拔。

丹青难画，泪咽悔薄情

南乡子·为亡妇题照

泪咽却无声，只向从前悔薄情。凭仗丹青重省识，盈盈。一片伤心画不成。

别语忒分明，午夜鹣鲽梦早醒。卿自早醒侬自梦，更更。泣尽风檐夜雨铃。

【赏析】

纳兰性德是个短命的才子，谁知红颜命更薄。他的结发妻子卢氏在与纳兰成婚三年后，就因为难产而撒手人寰。卢氏生前与纳兰举案齐眉，鹣鲽情深，卢氏死后纳兰悲情难抑，痛不欲生。为了纪念卢氏，纳兰想提笔为卢氏画一幅肖像。可是没想到墨已研罢，纸已铺开，纳兰将要起笔，却不知从何处落笔，一阵酸楚涌上心头。于是画像未成之际，却成就了这首情深意切，令人不忍卒读的悼亡词。

虽说“男儿有泪不轻弹”，可那“只是未到伤心处”。卢氏的离去确实给纳兰带来了太多的打击。此时之情的确已到了伤心处，而纳兰又是一个在感情上十分内向的人，所以，这个多情的词人不知在人后已经暗暗地垂过多少次泪了。泪水总有流尽的时候，提笔将画之时，忽然想到从前和卢氏一起“被酒莫惊春睡重，赌书消得泼茶香”的千般恩爱，万般甜蜜，又想到命运无常，世事难料，从前的一切尚历历在目时，如今却只留下睹物思人的凄凉，只能欲哭无泪，欲叹无声。

“为什么没有在她生前给予她更多更深的爱？”这个问题在纳兰心中反反复复地出现过无数次。自从卢氏离开人世之后，纳兰心中一直怀着一种莫名的愧疚之感。他总是觉得曾经对妻子是那么的薄情寡幸，以致自己现在懊悔不迭。其实，此处的薄情并非真正的薄情。失去后才懂得珍惜，这是世上少有的无法驳斥的真理。纳兰从前对卢氏付出的真心一点不少，不然他怎会感到“赌书消得泼茶香”的愉悦呢？只是由于当时那种恩爱触手可及，所以“只道是寻常”，而如今伊人已逝，当时那寻常的东西，现在也变得宛如星辰一般遥不可及。正是因为爱之深切，所以纳兰才会觉得自己亏欠亡妻的情谊太多太多了。

想凭借画像重拾和亡妻相会的欢愉，那是多么虚无缥缈的愿望啊，难怪最终连纳兰自己也感叹道“一片伤心画不成”。

回顾过去，妻子临去时的游丝一般的话语仍在耳边回荡，伸手想抓，却无奈只抓到一只空影。古人是相信灵魂一说的，于是纳兰无数次地希望通过梦境来实现和妻子的再度相会，但是，老天仿佛是在故意捉弄自己，明明已经等到卢氏入梦，可是偏偏不等两人续上只言片语，梦已醒，只听得屋外雨打窗棂，淅淅沥沥，天人同悲戚。那真的是上天降下的雨水，还是卢氏在另一个世界为纳兰哭泣而洒下的泪水呢？

悼亡词不需要太多的技巧，只要情到深处便可自然而然地有感而发。过去唐人元稹在妻子韦丛死后写下过“惟将终夜长开眼，报答平生未展眉”的诗句，但却又在同年立即另纳新妾，他的言行不一虽然一直饱受当时以及后世之人的诟病，但是却有更多的人宁愿相信他对亡妻的情感是真挚的。纳兰容若不是元稹，可他们尝过的痛却未尝不是一致的。

疏柳更寒，颦蹙吹不散

临江仙·寒柳

飞絮飞花何处是？层冰积雪摧残。疏疏一树五更寒，爱他明月好，憔悴也相关。

最是繁丝摇落后，转教人忆春山。湔裙梦断续应难，西风多少恨，吹不散眉弯。

【赏析】

纳兰性德咏寒柳的这首《临江仙》是备受后世之人推崇的一首词作，清代晚期的著名词人陈廷焯更是将这首词誉为纳兰词的压卷之作。诗词品评本来就是一项主观性很强的工作，所以来争论这首《临江仙》是否压卷并无多大意义，可是说这首词确实是好，相信应该不会引起太大的争议。

咏物诗词在中国古代文坛应该占据着举足轻重的地位。咏物，其实不单单是为了描写事物，而托物言志，托物言情，才是作者真正的言外之意。唐人、宋人最喜咏物，而宋人尤甚。宋代理学大兴，当时的咏物诗词，多是借用生活中微小的事物来揭示一种理趣。可是后来咏物诗词渐渐落入了一个怪圈，出于求新求奇的目的，文人笔下所涉及的事物越来越冷僻，连苍蝇、落齿都成了吟咏的对象。若真能有感而发，则诗词尚为佳品，但是更多的却是矫揉造作，无病呻吟。其实，过分的求新求奇根本没有意义，情到最真处，写出来的作品必然与众不同。你看，纳兰词中吟诵的对象不正是在过去已经被人们吟诵过千遍万遍的柳树吗？已有那么多“珠玉”在前，可是纳兰的作品依然为人津津乐道，可见其出彩之处不是那平凡的柳树，而是纳兰在柳树中蕴藏的不平凡的感情。

纳兰眼前看到的这棵柳树，没有春天柳絮纷飞时候的活力无限，而是在严冬冰雪重压下的憔悴不堪。它耷拉着稀稀落落的枝条，几片没有在秋风中被扫落的叶子，枯黄地蜷曲着，已经没有了生命的迹象。就是这样一棵孤单的，一棵几乎被剥夺了生命希望的柳树，在五更的寒风里飘摇着，不禁令人想伸出双手去抚慰它一下。

其实柳树并不需要人去安慰，人这种理性的动物，只会破坏自然和谐的安排，寒柳自有明月去抚慰。那慈爱的，富有同情心的月亮啊，它把自己的光辉均匀地洒落到大地上的每一个角落，哪怕是那稀疏憔悴的寒柳，也同样可以受到月色的眷顾。

词转入下阕，由物及人，当柳树繁华落尽之时，勾起了纳兰对心仪的女子的思念。柳树的落叶似乎让纳兰想起了那个女子宛如柳叶一般的娥眉，时而舒展，时而颦蹙。而现在，她好像也如这株寒柳一样，蜷缩在生活的一隅，被世事的艰难和相思的辛苦折磨得憔悴不堪。

“湔裙梦断，前缘难续”，词人陷入了深深的哀思之中无法自拔。任凭西风怎样得吹拂，它能够卷走世上一切有形的东西，但是怎么也带不走词人心间的忧愁，甚至连那未舒展的眉头，也无法抚平。

那个像寒柳一样的女子究竟是谁？有人说是和纳兰青梅竹马的恋人，有人说是对纳兰情深意重的卢氏。反正是初恋情人也好，是结发之妻也罢，由于各种因缘际会，让纳兰同她们都没有共到地老天荒，有悲伤、有懊悔、有无奈。这一切一切的情，都倾注在这一棵寒柳身上了。

爱恨因何，心字已成灰

梦江南

昏鸦尽，小立恨因谁？急雪乍翻香阁絮，清风吹到胆瓶梅，心字已成灰。

【赏析】

“梦江南”这个词牌名实在是撩人得很。

现在的江南是一个极富吸引力的地方，可是过去的江南也曾是蛮荒之地，为中原的文明人所不屑一顾。不知从何时起，江南在文人墨客心目中的地位扶摇直上，甚至有人会把从来没有到过江南当做一件终身的憾事，于是从那时开始，江南已不再仅仅是一个简单的地理概念了。

江南有微雨。这雨啊，在暮春时节下得天地间朦朦胧胧的一片，世间万物仿佛都笼罩在烟尘中，难怪有人称它为“烟雨江南”。江南有桃红柳绿。这不是北方的桃树和柳树，它们没有受过寒风的洗礼，没有经过骤雪的摧残，它们娉娉婷婷地立着，柔柔弱弱的枝条摇曳在清风中，难怪有人说“千里莺啼绿映红”。江南有美人。她们撑着油纸伞，像一朵丁香花一样地飘过雨巷，她们坐在乌篷船上，说着一口吴侬软语，婉约而清丽，难怪有人赞曰：“垆边人似月，皓腕凝霜雪。”

白乐天的《忆江南》二首名声在外，虽然不能说是它们开启了文人书写江南的时代，但是这两首诗绝对可以在士人们心中激起对江南的种种向往。诗曰：

江南好，风景旧曾谙。日出江花红胜火，春来江水绿如蓝。能不忆江南？

江南忆，最忆是杭州。山寺月中寻桂子，郡亭枕上看潮头。何日更重游？

虽然词刚出现不久的时候，词牌名和词中所描写的内容之间可能会有多多少少的联系。不过到纳兰性德的那个年代，这种传统已经销声匿迹了。这首小令，虽然也叫“梦江南”，但它却和江南没有一丝关联。

傍晚独立风中的情形在纳兰词中不算少见，这首词选取的也是这样的意境。黄昏之时，连寒鸦也已经统统回巢休息去了，只有纳兰一人依然呆呆地立在瑟瑟的寒风中，无依无靠。莫名的愁绪从词人心中升起，连他自己也说不清楚这种恨因何而生，又因谁而起。

风太急，把原本在空气中轻盈浮动的柳絮一股脑儿地塞进香阁里，好似急骤的飘雪一般。窗户被风吹开了，清风拂动着胆瓶里的梅花，花枝颤动着。一天即将过去了，原本在阁内香薰炉中点燃的心字香也已经烧完，化成了灰烬。

香成灰，本来是一件极其寻常的事情，可是偏偏成灰的不是别的香，而是将“香末索篆成心字”（见明人杨慎的《词品·心字香》）的心字熏香。“心字已成灰”，此句看似写实，实为暗喻，如果把此句中的“字”字去掉，“心已成灰”，恐怕更能贴合词人内心真正的感受吧。在成为灰烬之前，心字香也曾经历过香味的释放，那沁人心脾的味道给人无限的安慰。不过，心字香的光华只在它燃过的那一个瞬间，等到火灭之后，一切皆成灰烬。灰烬，没有生机，也没有活力，不知道伤心，也不知道痛苦。此时，纳兰的心也亦如燃过的心字香，全然化为灰了。

心已经如死灰，哪能再次回到从前？

深情未醒，死别因薄命

忆江南·宿双林禅院有感（其一）

心灰尽，有发未全僧。风雨消磨生死别，似曾相识只孤檠，情在不能醒。

摇落后，清吹那堪听。淅沥暗飘金井叶，乍闻风定又钟声，薄福荐倾城。

【赏析】

双林禅院是纳兰性德的第一任妻子卢氏去世之后停放其灵柩的地方。尽管迄今为止，人们对于双林禅院坐落的确切地点尚有争议，但不管怎么样，卢氏棺椁在禅院中停放的一年里，纳兰数次进入禅院为亡妻守灵确是事实。或许，纳兰在守灵的时候触景生情，于是便有了这阕《忆江南·宿双林禅院有感》。

纳兰选用“忆江南”这个词牌可能有一定的深意，选它不仅仅是出于格律的需要，或许更是因为词牌中的这个“忆”字。曾经，去过江南的人们用歌声唱出对江南的回忆，现在，纳兰套用这个词牌，只为了抒发对妻子的怀念，都是在“忆”，可是一个幸福，另一个心酸。

一个人心如死灰之后，遁入空门也许是最好的选择，只有佛门之人才能断绝七情六欲，心既不会起，也不会落。在高鹗对《红楼梦》的续书中，贾宝玉在林黛玉死后便出家修道去了，在孔尚任的《桃花扇》里，李香君和侯方域因为战乱分别，历经沧桑之后自知前缘不再，便双双学道去了。如今，行走在禅院里，纳兰似乎也跟一个出家的僧人一般，唯一的不同就是他还未落发，卢氏的离世带去了他心中所有的喜怒哀乐。可是既然心灰已尽，为何自己的心还会如此的痛？

因为薄命，挚爱和自己已经被生死隔断在两端，孤灯下的情形多么似曾相识，可惜原来立在一起看风景的人只剩下自己一人了。“情在不能醒”，不知是纳兰沉浸在往日的回忆中不能自拔，还是深陷现在的悲伤中不能自已，抑或是这两种情感交织于心中，倏尔甜蜜，倏尔苦涩，让人无处遁逃？

下阕交代了纳兰作这首词时的时间背景——那又是一个秋季。秋季在纳兰词中出现得多么频繁，落叶可以说是纳兰最常用的意象之一了。不过，可能是因为纳兰丧妻之后长时间地停留在情感的秋季中，所以即使他几乎在每首词中都点到“秋”，也不会使人觉得重复单调。

满眼秋景，耳边又传来了秋风扫落叶的声音。秋风止后，远方又飘来了一丝丝晚钟的响声。那充满了厚重的金属质感的声音，使纳兰心中萌发了这样一个念头：没有卢氏的生活已变得毫无生气，不如也让自己随卢氏一同而去吧。殉情之后，把自己的肉体放在祭坛之上，让天地也来为纳兰和卢氏之间难以割断的情做个见证。

可是，现实不允许他这么做，因为纳兰不仅仅是卢氏的丈夫，他更是大清的臣子，是纳兰明珠的儿子，他的肩上还担负着对国家的责任，对家族的责任。就这样，纳兰就连决定自己生死的自由也被无情地夺取了，那么，如今他所剩下的还有什么呢？没有爱人，没有温暖，又没有自由，纳兰知道自己是个薄福之人，可现实对他未免也太残忍了吧！

此恨谁知，凄迷梦生疑

忆江南·宿双林禅院有感（其二）

挑灯坐，坐久忆年时。薄雾笼花娇欲泣，夜深微月下杨枝。催道太眠迟。

憔悴去，此恨有谁知？天上人间俱怅望，经声佛火两凄迷。未梦已先疑。

【赏析】

这一阕《忆江南》显然是纳兰性德接着上一阕而作的。上一阕中提到了“淅沥暗飘金井叶”，暗示了当时已是凄风苦雨、树叶飘零的秋季，而从这一阕中提到的“坐久忆年时”，不难看出纳兰在作这首词的时候已经是第二年了。不过，虽然经历了一个深秋一个寒冬，纳兰的丧妻之痛似乎一点没有减弱，反而愈加深重。

只身独坐灯下，在昏黄的灯光中，总是可以让人不知不觉地想起往日的时光。可是那只是一些隐约在幻想之中的虚无缥缈的东西罢了，不提也罢。纳兰看着眼前的景色，虽然美丽，但却遮盖不住其中透出的凄凉。杜甫说："感时花溅泪，恨别鸟惊心"，这并不是说花儿和鸟儿能够真真切切地体会世间之人的哀怨愁绪，而是人们愿意把自己的情感加之于客观的事物之上，当那些伤心人看到那没有情感的花花草草也和他们一同悲凄时，心中的哀愁或许能被稍稍化解一些。

纳兰看到的景色何尝没有被他附加上自己的主观情感呢？"薄雾笼花娇欲泣，夜深微月下杨枝"，前人程垓在他的《满江红》中写到过"薄雾笼花天欲暮"，而纳兰在此处有意把"天欲暮"三字改成了"娇欲泣"，其中的意图是明显的。在没有任何背景的情况下，程垓和纳兰两人的词句同时呈现在读者面前，相信大多数人都会认为纳兰的词句蕴含的悲情更甚吧。"天欲暮"只不过是点出了时间的推移，而"娇欲泣"虽然在写雨打花瓣楚楚动人的样子，可是这"泣"字难道不是纳兰自己的心情吗？

在这样一个悲伤的夜晚，偏偏还有人来催促纳兰早点休息，这让词人怎么能够做得到呢？叹息之余，纳兰不禁还要感慨，自己的恨又有谁能理解！

人们都说善良的人死后会去天堂，而天堂就是一个极乐世界，生活在其中可以没有烦恼，无忧无虑。可是，真的是这样的吗？在人间，纳兰容若为爱妻卢氏的离去而心痛不已，而在天堂之中，卢氏何尝没有在想念着自己曾经深深爱过的纳兰呢？而如今，人已阴阳两隔，只能在冥冥之中相互望着那个熟悉的脸庞。即使是教人学会断绝七情六欲，从而变得心无旁骛的佛经上的偈语，也不能将纳兰从无尽的痛楚中解放出来了。远处诵经的声音，在纳兰听来没有丝毫安慰的含义，而佛殿上点点的烛光，也纳兰的泪眼中化作迷离的一团，没有任何庄严肃穆的气息。

因为心神不定，纳兰神情恍惚，自己也分不清楚哪些是现实，哪些是梦境，于是便产生了深深的疑问。不过，还是一直这样恍惚下去的好，不问未来会发生什么，只愿自己就这样一直冥想下去，心也就不痛了。

寄语劝餐，念友欲画难

于中好

送梁汾南还，时方为题小影

握手西风泪不干，年来多在别离间。遥知独听灯前雨，转忆同看雪后山。

凭寄语，劝加餐，桂花时节约重还。分明小像沉香缕，一片伤心欲画难。

【赏析】

纳兰性德作这首《于中好》的背景同他写《菩萨蛮·寄梁汾苕》的背景颇为相似，都起源于顾贞观丧母回家乡丁忧这件事，但不同于《菩萨蛮·寄梁汾苕》的是，这阕小令应该写于顾贞观离京不久之后。

昔日的旧友已经南下，纳兰心中还是依依不舍。古人不比现代人，他们没有先进的交通工具，也没有远程的通信设备，因此，分别之后能否再度相聚难以预测。况且，纳兰又是一个情感极为细腻丰富的词人，所以即使是一般的小别，在他的眼里也会被无限放大。纳兰同顾贞观的告别是在一个秋风萧瑟的日子里。虽然都是秋风萧瑟的世界，可是曹孟德能说出“秋风萧瑟，洪波涌起”的豪壮，而纳兰却只能怀着悲伤的心情，强忍的泪水和好友依依惜别。想到这些年，纳兰和顾贞观都在为仕途奔波忙碌而聚少离多，两人同在京城时尚且如此，那么两人分别之后重逢的日子恐怕更加遥遥无期了。

漆黑的夜里，纳兰常常会想他的友人如今在做什么，是否也同自己一样的百无聊赖，以至于只能望着眼前的孤灯默默出神，听着窗外的苦雨滴滴答答。但是在这寂寞无聊之中，纳兰忽然想到自己曾经和好友一起去看雪后山岭的欢乐的情形，一股淡淡的安慰在心中缓缓升起，稍稍地化解了离别给纳兰带来的忧伤。

“凭寄语，劝加餐，桂花时节约重还”这一句写得非常真实，其中包含的情感十分复杂。给好友寄去一封书信，为了表明自己对朋友不变的友谊，同时纳兰也不忘顺便来规劝一下好友不要因为丧母和离别过分伤感，一定要“努力加餐饭”，保重自己的身体，莫受饥，也莫受寒。这是多么实实在在的情感啊，没有半点虚假和做作，就是那么平平常常，可是在这平凡之中却又透露着纳兰和顾贞观二人友情的不同寻常。

纳兰与顾贞观二人曾在分别之时约定：“明年秋天丹桂飘香的

季节定当重新聚首。”可是一别之后，何时再会，有谁知晓？倒不如不约定，免得在人心中存有一个念想。如果有了念想，便会数着日子盼着春天赶快过去，秋天赶紧到来。那个时候，若好友真的能够出现，固然是最理想的结局，可是，万一等到明年秋天，朋友依旧未返，纳兰心中的希望化作一场泡影，此时的失落感必然会比友人远去的那一刻更加令人难以释怀。

纳兰屋中挂着顾贞观的肖像，好友离开后，纳兰只能日日睹画思人。“一片伤心欲画难”一句像极了纳兰在悼念亡妻卢氏时写到的“一片伤心画不成”，不知道这两个句子之间有着怎样的关联。或许有吧，那便可以反映出顾贞观在纳兰心中非同寻常的地位；或许没有吧，它只是纳兰在看到画像时的有感而发，只是当时的情感同为亡妻画像时的情感有些许的相似罢了。

韶华虚度，叹宦海沉浮

金缕曲

未得长无谓，竟须将、银河亲挽，普天一洗。麟阁才教留粉本，大笑拂衣归矣。如斯者、古今能几？有限好春无限恨，没来由、短尽英雄气。暂觅个，柔乡避。东君轻薄知何意。尽年年、愁红惨绿，添人憔悴。两鬓飘萧容易白，错把韶华虚费。便决计、疏狂休悔。但有玉人常照眼，向名花、美酒拚沉醉。天下事，公等在。

【赏析】

纳兰性德的这首词似乎带有点苏辛之词的豪放之气，特别是“未得长无谓，竟须将、银河亲挽，普天一洗。麟阁才教留粉本，大笑拂衣归矣。如斯者、古今能几？”这几句，彻底脱离了纳兰词凄艳婉约的风格。说这首词是纳兰写给一位官场失意的友人，倒不如说此时纳兰是在借机写词安慰自己。

纳兰感叹世道黑暗，充满不公，有才的人被无端埋没，无才的人却能处处受到重用。如果自己有能力，一定要用天上的银河，把天上人间的角角落落都清洗一遍，以除去浊气，留下清明。

不过，这种豪言壮语终究还是一种想象罢了，没有可能实现，所以纳兰便吟出了“麟阁才教留粉本，大笑拂衣归矣”。虽然自己真心希望能够得到朝廷的重用，但是无奈朝堂之上站立着的不过是一群乌合之众。所以，与他们同事一君，还不如自己隐居山林，反倒能求得个逍遥自在。于是，便放声大笑地辞去官位，两袖清风地离开这个是非之地。可是在尘世间，除了曾经那个宁可“曳尾于涂中”的庄周和那个“不为五斗米折腰”的陶潜，真的还有人能够做到将功名利禄看得如此淡泊吗？如斯者、古今能几啊！

要把一切名利全部当做过眼云烟实在是不容易，纳兰本人也难以做到，不然他怎么会面对着大好的春光，心生无限的恨意呢？其实，很少有人心中真的能够全部放下，即使那些身在江湖的人，未尝也不是心系庙堂。有才能却壮志难酬的人对此体会更加深刻，可是却没有丝毫办法改变局面，只能怨自己英雄气短。

“暂觅个，柔乡避”一句可以当做纳兰给予自己的些许宽慰。既然才能无人赏识，报国无门，那么还不如去寻找一个与世隔绝的世外桃源，常住于其中，管他天下是汉还是魏晋。可惜以前自己不明白这个道理，偏偏把宦海沉浮看得太重，以至于常常在失意时忽略满眼的大好春光，以至于常常因为心中放不下而弄得自己心力交瘁，人未老，鬓已白，白白错过了人生中最美好的时节，现在想来，着实后悔。

不过现在好了，可以了无牵挂了，只要眼前有美景，桌上有美酒，身边又有美人相伴，此生亦复何求？这种仙人一般的日子，是多少在世间尔虞我诈、钩心斗角的人所享受不到的呀！既然客观条件决定了自己不能展示卓绝的才能，那么何必再对此耿耿于怀呢？曾经说过“知其不可而为之”的孔子，也会在奔波疲倦时发出“用之则行，舍之则藏”的叹息，圣人尚且如此，何况凡夫俗子？

天下之事，总会有那些得势之人去处理，纳兰又何必为这些劳心费神呢？还不如做一个清洁自在的人，不与世道同流合污。纳兰不是神，他不能改变“众人皆醉，举世皆浊”的状态，只能把自己锁在小小的安宁的天地里，从此外界再与己无关。

世道无常，慰福因才折

金缕曲·慰西溟

何事添凄咽？但由他、天公簸弄，莫教磨涅。失意每多如意少，终古几人称屈。须知道、福因才折。独卧藜床看北斗，背高城、玉笛吹成血。听谯鼓。二更彻。丈夫未肯因人热，且乘闲、五湖料理，扁舟一叶。泪似秋霖挥不尽，洒向野田黄蝶。须不羡、承明班列。马迹车尘忙未了，任西风、吹冷长安月。又萧寺，花如雪。

【赏析】

在唐代的文坛上曾经出现过两颗巨星，一颗叫李白，一颗叫杜甫，他们二人虽然才高八斗，但都时运不济。乾元元年，李白因为王璘一案被流放夜郎，同年，杜甫怀念好友，于是便写下了《天末怀李白》，其中有两句很出名，也很能概括中国古代文坛巨星们的普遍命运，那就是：“文章憎命达，魑魅喜人过。”

纳兰性德的这首词是因为好友姜宸英（姜宸英字西溟）落选“博学鸿词”而作的安慰之词。在现代人看来，纳兰绝对是当时文学界出类拔萃的人物，而在纳兰眼里，姜宸英也是当时才华卓绝的大文豪。所以，姜的命运也无法逃脱杜甫笔下的那两句话。世道无常，人失意的时候总比如意的时候多，有才的人偏偏被埋没，无法得到幸福之神的半点眷顾。纳兰说，福因才折，这句充满了伤感。对于一个文士而言，才情是人生中极其重要的一样东西，文士就是因为有了才而称为文士，不然他们与白丁又有何不同？可是，就是这些有才情的人反而福缘颇浅。才和福难以两全，或许这是上天有意的安排，上天永远是公平的，他在为人们打开了一扇门的同时，必定也会因此关上一扇窗。

但是纳兰似乎不明白这个道理，反而怨怪上天不肯让人十全十美，于是便郁郁寡欢。想到上天对待自己的朋友如此无情，纳兰终夜无法入睡。高高的城墙之外传来玉笛之声，“羌笛何须怨杨柳，春风不度玉门关”，西溟的才情仿佛也被隔断在了玉门关之外，今后再难有人来把它们发掘出来了。世间有才之人很多，朝廷却被蒙蔽了双眼不予重用，这令纳兰辗转反侧，只能听着城门上报时的鼓声直到天明。

虽然纳兰感叹世道浑浊埋没才子，但是他也不忘记安慰一下朋友，告诉他是金子总会发光的，所以不要因为求仕不得而焦急不安，还不如旷达一点，学学当年的苏子瞻，泛舟游于赤壁之上，高声吟诵着“吾与子渔樵于江渚之上，侣鱼虾而友麋鹿，驾一叶之扁舟，举匏樽以相属。寄蜉蝣于天地，渺沧海之一粟。哀吾生之须臾，羡长江之无穷。挟飞仙以遨游，抱明月而长终。知不可乎骤得，托遗响于悲风”。可是，安慰的话终究只是安慰，要想真正看淡一切谈何容易？

眼前没有山高月小水落石出，只看到片片秋叶如连绵不断的泪水一般散在田间，又看到那些仕途得意之人在道路上忙碌地奔走着，而只有西溟一人却要独自忍受着不得意之苦，不禁令纳兰感慨万千。不过词的最后几句，又重新回到了“慰”字之上，纳兰觉得，虽然那些公卿贵人们仕途平坦，青云直上，但是他们劳劳碌碌，无法享受世间的安逸，不如做一个心胸开阔的人，以达观的心态来面对这一切，也未尝不是人生一大幸福之事。

整首词都是纳兰发自肺腑的言语，可见纳兰对姜宸英的同情之深，安慰之切，虽然命不达，但却造就了好文章流芳百世，这同样也是值得欣慰的。

思乡心切，苦闷关外行

长相思

山一程，水一程，身向榆关那畔行，夜深千帐灯。
风一更，雪一更，聒碎乡心梦不成，故园无此声。

【赏析】

纳兰性德写下这首词是在他二十七岁那年随康熙皇帝出山海关东巡的路上。此时，正值康熙帝平定了云南，要到关外的永陵、福陵和昭陵告祭先祖。

这首词虽然短小，但是却不失为一篇佳作。全词通过空间和时间的转换来抒发情感，可谓是匠心独具。“山一程，水一程”两句，在平白朴实之间写出了地理位置的变迁，中国古人从前喜欢用三、九、千、万等数字来虚指数量之多，但是此处，纳兰仅仅用了两个“一”字，也写出了从京城到山海关的长途跋涉。一程又一程的片片叠加，仿佛让人体会到了纳兰一步一步地远离家乡。词人想要在词中营造一种慢慢远离的过程，从而烘托出随着实际的距离不断拉大，自己对家乡的思念之情日益加深的矛盾之感。自己的身体虽然向着山海关外行走，而自己的心却一点也不希望离去。在关外扎寨之时，看到眼前灯火万点，这原本是极其壮美的景色，可是这在纳兰眼里却没有丝毫雄壮之感，反而传递着一番莫名的苦涩。灯火通明的行宫里，人们都在忙碌着，他们议论着康熙帝平定云南的丰功伟业，庆祝着，朝贺着，而纳兰这个心系家乡的人却一点也没有被这片欢乐的气氛所感染。他显得那么格格不入，仿佛他看到的这一切都和自己毫不相干。而“夜深千帐灯”中的“夜深”二字又点出了当时的时间。已是深夜，而纳兰却还没有入睡，是对故乡的思念折磨得他难以入眠吗？词的下阕揭开了其中的原因。

在塞外，即使在农历三月依旧飞雪。疾风阵阵，夹杂着片片飞雪迎面而来，雪花落到地上，一片接着一片地积累起来，纳兰心中对故乡的情谊仿佛也如落雪一般一层一层地在心中堆积，越来越深。在纳兰眼里，风和雪构成了一片凄凉的图景，耳边回荡着那顿挫的风吹之声和落雪之声，打碎了他心里思念故乡的美梦。梦醒之后，纳兰没有感觉到丝毫的释然，反而愁绪更加悠长，因为故园是没有这般痛苦的风雪之声，家乡没有寒意，有的只是温暖。

当时的纳兰才二十七岁，正值风华正茂的年龄，离开家乡是为了去实现自己的壮志雄心，可是词人心中却生出了一种久居他乡的苦旅之客才能发出的悲哀。同样也生在清朝的诗人徐观在他的《出塞》一诗中写到过："马后桃花马前雪，出关争得不回头！"身后是家乡娇艳的桃花，而身前看到的只有漫天的飞雪，徐观把相隔千里的塞外和家乡的距离缩短到了一匹静态的战马的身上，而纳兰则故意用"山一程，水一程，风一更，雨一更"的动态拉大了自己与故乡的距离，两者看似手法不同，实际上都是为了表达自己不愿意远离家乡却无奈被迫身负皇命、奔波不停的苦闷。

传统抒发羁旅之苦的诗词都是出于作者仕途的不得志，而此时，纳兰身为一品侍卫却也发出了这样的感叹，可见纳兰生来就不适合被官位束缚，他天生就应该是一个畅游于天地之间的行吟诗人。

刹那初见，故人心易变

木兰花·拟古绝决词

人生若只如初见，何事西风悲画扇？等闲变却故人心，却道故人心易变。骊山语罢清宵半，夜雨霖铃终不怨。何如薄幸锦衣郎，比翼连枝当日愿。

【赏析】

纳兰性德的这首词，带着一丝无奈，也带着无限的怨和恨。“人生若只如初见，何使西风悲画扇？”这句话已经在当下的诗文小说中运用得泛滥了，但是不管被引用过多少遍，它的凄美依然。

人与人之间的情感，尤其是一对相恋的男女之间的情感，只停留在他们初次见面的那一瞬间才是最完美的。初见之时，唯有互相倾慕，唯有山盟海誓，唯有你侬我侬，不用考虑未来，不用担心变迁，就连忧愁也带着一丝甜蜜。可是，时光流转，情人之间相处得久了，总会让他们觉得爱就在那个触手可及的地方，于是就不觉得珍贵了。相爱的心远离了，甚至背向而行，落得一方只能如汉成帝的妃子班婕妤一样，孤寂地守着冷宫，只能像夏天里时时不能离身的团扇一样，等到秋风一起就丢在一边不理不睬了。

唐玄宗和杨玉环曾经在七月七日长生殿里，共同发下过“在天愿作比翼鸟，在地愿为连理枝”的爱情誓言，当时那是多么动人，多么悦耳。可是，一旦等到“渔阳鼙鼓动地来，惊破霓裳羽衣曲”之时，两人还是没有逃脱“大难临头各自飞”的结局，为了安抚军心，使军队能够继续保驾，唐玄宗抛弃了两人的誓言，将杨贵妃处死于马嵬坡下。曾经是那么轰轰烈烈的誓言，可是一旦同让自己活下去的想法发生冲突时，就变成了一张毫无价值的废纸。人心真的易变啊，若是李、杨的爱情只停留在他们初见的时候，或许他们将一直沉浸在“回眸一下百媚生，六宫粉黛无颜色”的美丽之中，哪里会有后来的阴阳两隔，哪里会有后来唐玄宗“行宫见月伤心色，夜雨闻铃肠断声”的孤独和悲哀?

词的最后两句，将忧怨推到了最高峰，甚至使词人都不觉得李隆基对于杨玉环的做法是负心薄幸的了。想到现在世上的薄情之人，还比不上当年的唐明皇呢！至少他还和杨贵妃有过比翼鸟、连理枝的誓言，可是现在的锦衣儿却连这些誓愿也从未说出过口。

古代的很多文人都喜好代替女子作闺中之音，纳兰的这首词应该也不例外。他借一个女子之口，来控诉男子的薄情寡幸，诉说着绵绵不绝的忧伤和怨恨，从而表明自己的决绝。但是，“闺怨”很有可能只是一种假托，在这种假托的背后或许有深层的含义。也许纳兰是在向世人阐释一个交友之道，也许纳兰是在抒发自己心中的不快。

怎样理解都无妨，纳兰词的美终究是在那里的。词人的心可谓是玲珑剔透的，像玻璃一样容易破碎，所以，他只愿意世上的一切都只停留在开始那一刹那的美好。美好过后，人心易变，世事难料，纵然人们有意想让一切朝着美好的结局阔步前进，怎奈何命运的力量是不容任何人改变，只有它能够推着人走到一个未知的结果中去。

既然初见总会因为改变而淡化，那么何必留恋不放手？但是或许，也正是这种留恋不放手的情结，才使世上始终流传着一个个动人的故事。

怨韶光贱，相爱不得见

少年游

算来好景只如斯，惟许有情知。寻常风月，等闲谈笑，称意即相宜。

十年青鸟音尘断，往事不胜思。一钩残照，半帘飞絮，总是恼人时。

【赏析】

在汤显祖的《牡丹亭》中，杜丽娘在游园时曾唱出过这样一曲“皂罗袍”：

原来姹紫嫣红开遍，似这般都付与断井颓垣。良辰美景奈何天，赏心乐事谁家院！朝飞暮卷，云霞翠轩；雨丝风片，烟波画船——锦屏人忒看的这韶光贱！

为何在杜丽娘眼里，满园的姹紫嫣红、良辰美景都与自己无关呢？那是因为她自己形单影只，心中苦闷无限，于是便觉着这些美好都与自己绝缘罢了。

其实，景致是否美好动人，不在景色本身，而在欣赏者的眼里。要是他心中好景无限，眼前即便是“故垒萧萧芦荻秋”的断井颓垣也是良辰美景；要是他心中哀愁无限，面前即便是“千里莺啼绿映红”的良辰美景也是断井颓垣。而纳兰性德的这首词不正是用不同的乐器，弹奏着和杜丽娘相同的曲调吗？

在纳兰眼里，只要有情在，身边的风景就是美丽的，生活就是幸福的，即使是那天空中夜夜可见的月亮，手边随处可摘的花朵，也都是与众不同的。哪怕是闲来无事的谈话说笑，只要有那个意中人相陪伴，那便是好的。不需要经历生生死死，不需要体验轰轰烈烈，在平平淡淡的生活中，只要有她在身边，一切都不会显得平淡无奇，处处可以发现惊喜。

可是，好景不长，两人无端分离。青鸟是西王母身边的神鸟，在古代的传说中多为替相爱之人传递书信的使者，前代志怪小说《汉武故事》中有这样一段关于青鸟的记载：

七月七日，上于承华殿斋，正中，忽有一青鸟从西方来，集殿前。上问东方朔，朔曰：‘此西王母欲来也。’有顷，王母至，有两青鸟如乌，侠侍王母傍。

纳兰在和他的心上之人分开后的十年里，书隔断，回想起以前的种种恩爱欢愉，不禁觉得肝肠寸断。有时为了从过去的快乐中寻找一点安慰，纳兰便会不自觉地把思绪拉回曾经的美好中去，可是谁知回忆不如遗忘，忘记了就不知道痛了，若是往事不断地浮现在眼前，不但找不到些许安慰，反而倍添忧伤。

没有她在身边，过去的景色也仿佛变得不同了。还是一样如钩的新月，还是一样轻盈的飞絮，曾经的美丽如今在纳兰看来却是另一番滋味，有时甚至觉得它们是恼人的，恼它们勾起了自己的回忆，恼它们能够常在，而为何情却不能长留？其实，景并没有变，变的只不过是纳兰的心境。他的心已经被十年相思惦念折磨得憔悴了，疲倦了，而憔悴人眼中唯一能看到的也只能是憔悴的景，纵使景观再美，再生机勃勃，在他眼里也没有一丝一毫的生气。

整首词中，上阕所描写的乐正好同下阕所描写的愁形成了鲜明的对比，隐藏在词中的相爱不得相见的苦涩，也通过这种对比显得愈发突出，愈发动人了。

愁多成病，死别心恨谁

百字令

人生能几？总不如休惹、情条恨叶。刚是尊前同一笑，又到别离时节。灯灺挑残，炉烟爇尽，无语空凝咽。一天凉露，芳魂此夜偷接。

怕见人去楼空，柳枝无恙，犹扫窗间月。无分暗香深处住，悔把兰襟亲结。尚暖檀痕，犹寒翠影，触绪添悲切。愁多成病，此愁知向谁说？

【赏析】

纳兰性德的词终究还是逃不过一个“情”字，这阕《百字令》亦如是。整首词没有一个完整的情节，几乎全部是在抒发情感。

纳兰觉得人生短促，就在弹指一挥间，还不如不去沾染那些爱恨情仇，生离死别，落得个逍遥自在。人一旦陷入情的泥沼中，再想挣脱出来是很困难的，因为情总是那么迷离扑朔，刚才有情人还在自己眼前笑靥如花，如今转眼间却到了离别的时节。只有两个陌生人在分别的时候，可以做到对离别豁达地一笑而过，稍有情感的两人在分别时便无法做到如此，那么何况是两个已经互生情愫的恋人呢？虽然，王勃在《送杜少府之任蜀川》中写到过“海内存知己，天涯若比邻”的诗句，可是又有谁能够真正这样想呢？到头来还不是“无为在歧路，儿女共沾巾”吗？要想离别时不伤感，唯一的办法就是不让自己对对方产生丝毫的感情，可是这对于纳兰这样一个情感细腻丰富的人来说简直是不可能的，纳兰怎么能够忘记他们两人曾经一同倚在栏杆上欣赏十五的圆月，怎么能够忘记他们两人曾经同乘一叶扁舟在波光粼粼的湖上欣赏风景？可是良辰苦短，前缘难续，现在只剩下自己孤身一人看着台上熏香燃尽，蜡炬成灰。想开口说话，却又说不出来，静静的夜里，只传来纳兰在残烛下悲泣幽咽的声音。想到在以前的夜里，自己和意中之人幽会的情形，纳兰现在多么希望自己和她有重新相会的机会，哪怕只是在梦中和她的魂魄相见也好。

人生最悲伤的事情莫过于看着人去楼空，物是人非。自然界的一切总是那么长久，即使它们不长久，也是在轮回中来了又去，去了又来，所以，世人永远不用害怕失去它们。可是人却不一样，每个人的寿命都是一定的，阳寿一尽，便同人间万物阴阳两隔了。相爱的一方先自己而去的痛苦是难以言说的，此时那个伤心人也最怕看见她曾经用过的东西，住过的地方，也怕别人提起与她相关的一切。“柳枝无恙，犹扫窗间月”的永恒，与“人去楼空”的变迁形成了鲜明的对比，进一步加深了纳兰心中的痛楚。

就是因为这种痛难以消解，所以纳兰开始悔恨当初为何要对她用情太深，没有太深的情，也就不会有太深的痛。她脸上带有香粉的泪痕和头上摇摇摆摆的金钏依旧历历在目，可是那又有什么意义呢？只不过是停留在脑海中的幻影罢了，哪里经得起现实的灼烧？还不如闭上眼睛，不去想念，不然只能触景生情，倍添忧郁。

纳兰心中的愁已经使他的身体难以承受，终于他病倒了，可是，这种病却无法拿世上一般的药品来医治。斯人已去，世上再难有人能够理解他的痛，而那些不了解他的人因为不明白他因何愁苦，所以只是一味地笑他痴，而全词也在这种孤独无告的寂寞气氛之中霎然收尾。

柔肠寸断，破镜难重圆

青衫湿遍

青衫湿遍，凭伊慰我，忍便相忘。半月前头扶病，剪刀声、犹共银釭。忆生来、小胆怯空房。到而今独伴梨花影，冷冥冥、尽意凄凉。愿指魂兮识路，教寻梦也回廊。

咫尺玉钩斜路，一般消受，蔓草斜阳。判把长眠滴醒，和清泪、搅入椒浆。怕幽泉、还为我神伤。道书生薄命宜将息，再休耽、怨粉愁香。料得重圆密誓，难尽寸裂柔肠。

【赏析】

从现有的资料来看，“青衫湿遍”这个词牌最早出现在纳兰性德笔下，换句话说，这个词牌非常可能是纳兰性德自己独创的。“青衫湿遍”的格律是上下片各五句，押平声韵，全词共一百二十二字。“青衫湿遍”很有可能反映的就是纳兰当时的心境。他同两广总督卢兴祖之女卢氏结婚之后，举案齐眉，恩爱不浅。可是造化弄人，他俩结婚才满三年，卢氏就在产下纳兰的次子之后，因为受风而引发病症，不久便撒手人寰，年仅二十二岁。只留下纳兰一人在世间心痛欲绝，因为心痛而泪流成行，以致青衫湿遍。

或许纳兰写悼亡词也是从这一首词开始的，要不他怎会说“半月前头扶病”呢？芳魂才逝未久，纳兰便开始回忆起了过去生活中亡妻的点点滴滴。记得在她去世前的一个月里，病中的她依然强打起精神，在夜晚之时，剪着蜡烛上的灯花，通红的烛光映着苍白的面颊，令人无限怜惜。曾经的卢氏是一个胆小的女子，她从来不敢一个人独守空房，纳兰过去也因此调笑过她，现在想来，独守空房的从卢氏变成了自己，自己虽然不害怕，却感到孤独无比。没有妻子的温暖在身旁，感到的只是无尽的寒意，看到的只是疏疏落落的梨花的影子。月昏黄，夜生凉，泣寒螿，可是纳兰就是愿意在这样的环境里保持着一颗清醒的心，因为他怕卢氏的芳魂故地重游。到时候，若是她找不到过去和自己缠绵的回廊，纳兰一定会为她来指引方向。

虽然纳兰和卢氏相互看不见对方，但是纳兰依然相信他们近在咫尺，一同看着同样的夕阳落到山背后，一同看着衰败的野草长到天尽头。纳兰多么渴望用祭祀的酒浆和自己的清泪来唤醒灵魂已经离开肉体的卢氏，可是一想到卢氏醒过来时还是会为自己神伤，自己也陷入了两难的境地。他多么希望她能够重新活过来，可是又怕她在醒来之后说出书生命薄，不要耽搁于儿女情长之类令人伤心的话语。古人常道，破镜可以重圆，可是若那面镜子是被死神生生地割裂的话，又怎能重圆呢？既然无法重圆，纳兰只能痛得肝肠寸断，而且就这样一直地痛下去，无休无止。

人总是这样，对于失去了的东西久久不能放手。从这一阕《青衫湿遍》开始，纳兰的词就已改往日清丽的风格，转而进入深深的凄苦之中。千万不要笑纳兰不够坚强，不够乐观，失去亲人爱人的痛苦是外人无法体会，也无法理解的。不是每个人都是庄子，都能面对自己妻子的死亡鼓盆而歌，纳兰只是纳兰，他要以自己独特的方式表示对妻子的怀念，一遍一遍地书写以悼亡为题材的诗词或许是一个出路，是一种解脱释怀的方式。

夜半幽梦，疑君却非君

青衫湿·悼亡

近来无限伤心事，谁与话长更？从教分付，绿窗红泪，早雁初莺。当时领略，而今断送，总负多情。忽疑君到。漆灯飐飐，痴数春星。

【赏析】

纳兰性德所作的词中，明确写有“悼亡”字样的共有七首，其中，只有《青衫湿遍》那一阕（见前）可以确定是在康熙十六年（1677年）六月中所作，其余几首作于何年何月都说法不一，不过不管作于何时何地，其中表现的纳兰对亡妻怀念的痴情都是一样的。

自从卢氏离开之后，纳兰心中就充斥着无限的伤心事。纳兰容若本身就是一个精神极其敏感又有点脆弱的人，现在这场突如其来的灾难更是把他折磨得一蹶不振。伤心事无限，如果能够找一个同病相怜的人来倾诉心中的苦水，可能会好受一些，但是怎奈身边的亲朋好友都无法理解纳兰的痛苦，因此也没有人能够真正安慰他。他们都对纳兰说，兄弟是手足，妻子是衣服，衣服破了坏了就换一件吧，大丈夫何必对此耿耿于怀？可是纳兰从来没有将卢氏当过一件可有可无的衣服。在他心中，卢氏比世上的许多宝贝都要珍贵。有人的死轻于鸿毛，有人的死重于泰山。在旁人眼中，卢氏的死轻于鸿毛，好像是一只白鹤，在飞走时双脚轻轻划过水面，曾经留下过些许水痕，很快就无迹无踪。可是在纳兰心中，卢氏的死却重于泰山，好像一块烧红了的烙铁，在他心中打下了痕迹，留下了疼痛，永远无法痊愈。

心早就死了，世上的所有变迁再也不能使纳兰提起兴趣，即使是“池塘生春草，园柳变鸣禽”的春天，在纳兰看来也是一片灰暗。就这样，他把生活中的一切都交给上天安排，自己不再过问，就好像一棵无根的苇草，任凭西风把他吹到天涯海角。

还是那样的心情，“当时只道是寻常”，不懂得珍惜，不懂得呵护，辜负了她，也辜负了她的情谊。其实，真的没有那么多值得纳兰愧疚懊悔的东西，纳兰对卢氏的情一点也不浅。那种悔恨只不过是每个人会对逝去之人产生的一种固有心态罢了，总觉得在世的时候对他（她）不够好，现在想来如果上天能够再给他一次机会的话，一定要好好弥补。可是转而想到这事是不可能发生的，只好默默垂泪，沉沉叹气。

夜深人静之时，是相思最易萌发之际，所以在烛火摇曳之间，纳兰忽然感到妻子卢氏缓缓地向着自己走来，就在他想伸手去拥抱她的时候，他被惊醒了，原来那只不过是一场梦啊，现实中哪有卢氏的身影？梦醒了的纳兰只好独自看着明亮的灯火怔怔地出神，抬头仰望天际的星星，一颗一颗地数着。人只有在进行这种毫无意义的机械活动时，大脑才会产生瞬间的空白，而心痛如绞的纳兰，也只好通过这种办法，让大脑一直空白着，稍稍缓解一下自己内心的苦涩。

卢仝在《有所思》中写道："相思一夜梅花发，忽到窗前疑是君。""疑是君"，不能给深陷于相思之中的人带来丝毫慰藉，反而会让他们在发现其实"不是君"之后，陷入更绝望的境地。

冷暖自知，行乐需趁早

踏莎行·倚柳题笺

倚柳题笺，当花侧帽，赏心应比驱驰好。错教双鬓受东风，看吹绿影成丝早。

金殿寒鸦。玉阶春草，就中冷暖和谁道。小楼明月镇长闲，人生何事缁尘老。

【赏析】

纳兰性德流传至今的作品集有两部，一部叫《饮水集》，一部叫《侧帽集》，想必这“侧帽”二字，一定是出于这阕“踏莎行”吧。

辛弃疾曾经写过这样一首词，名叫《丑奴儿·书博山道中壁》，全词如下：

少年不识愁滋味，爱上层楼。爱上层楼，为赋新词强说愁。

而今识尽愁滋味，欲说还休。欲说还休，却道天凉好个秋。

或许在辛弃疾眼中，少年人怎么会有愁苦，只有人到中年饱经沧桑后，才能体会何为真正的愁。但是，当时写下这首词的纳兰性德恐怕也只是个少年吧。或许是因为他历经了太多的世事无常，他心中的愁竟然能如此深刻，根本不是为赋新词而发。

纳兰性德出生于声名显赫的纳兰之家，因此他的愁不是来自于命途多舛；他年纪轻轻就被康熙帝封为了御前一等侍卫，因此他的愁也不是来自于怀才不遇，那么他到底在愁什么呢？其实，历代的中国文人都有一种这样的情怀，他们既向往老庄一样的自在逍遥，又渴望孔孟一样的兼济天下，于是，他们便总是在入世和出世之间犹豫徘徊。

所以，纳兰的心境便可以理解了，他有时会希望自己“倚柳题笺，当花侧帽”，过着寄情于山水之间，放浪于行骸之外的生活，觉得心里快乐才是最重要的事，因此为何要整日从驾驱驰，劳苦奔波？为何要让大好的青春年华在仕途忙碌中匆匆而过？为何不用这人生中最美丽的时光，去享受世上最美好的快乐？“错教双鬓受东风，看吹绿影成丝早”两句，可能是纳兰在劝慰友人，更可能是纳兰在劝慰自己，人生苦短，行乐趁早，千万不要等到时光流逝以后，才后悔当时没有把握住风华正茂的时节，只能独上高楼，感叹鬓已成霜。

人人都羡慕位高权重之人，认为他们享尽了世间的各种荣华富贵，占尽了世上各种无限风光。可是，在纳兰心中，却有着说不出的苦，佛说：“如鱼饮水，冷暖自知。”金殿玉阶虽然都金碧辉煌，可是却给人一种遥远的苍凉感，它们庄严地立在那里，没有人可以亲近，只与寒鸦春草为伴。伴君如伴虎，一不小心就会落到满盘皆输，甚至性命堪忧。所以，在宫廷中做事，不但劳力，而且劳心，最终落得身心俱疲，用自己的快乐来换取人前的风光，在纳兰看来一点也不值得！

不过，这种情怀却是普通人无法理解的。于是，纳兰只好把之中孤寂倾注在了笔尖，写在纸上，希望后世能有人能够理解他的心。

其实纳兰心中的矛盾并没有消解，在这阕词中，他表现出了对朝堂生活的无比倦怠。但是，结合他其他的词作看，有时候，纳兰还是会因为自己壮志难酬而心怀不满。人生就是这样纠结，这种出世与入世的纠葛，世上能有几个人能真正看得开呢？

寒风冷雨，新梦忆旧欢

东风齐著力

电急流光，天生薄命，有泪如潮。勉为欢谑，到底总无聊。欲谱频年离恨，言已尽、恨未曾消。凭谁把、一天愁绪，按出琼箫。

往事水迢迢。窗前月，几番空照魄销。旧欢新梦，雁齿小红桥。最是烧灯时候，宜春髻，酒暖葡萄。凄凉煞、五枝青玉，风雨飘飘。

【赏析】

古人写过形形色色的感叹时光流逝的句子，其中，名句也有不少。孔夫子说："逝者如斯夫，不舍昼夜。"屈原说："汩余若将不及兮，恐年岁之不吾与。"张若虚说："人生代代无穷已，江月年年只相似。"李白说："君不见高堂明镜悲白发，朝如青丝暮成雪。"蒋捷说："流光容易把人抛，红了樱桃，绿了芭蕉。"这些句子中都包含着对光阴逝去的种种无奈，隐含中淡淡的忧伤。

纳兰性德在这阕词中写到的“电急流光”这四个字，虽说同样叹息光阴如电，但是却更为有力，更为悲凉。有人说，纳兰这首词是用血和泪滴洒而成的，其伤感之苦情，灼人心脾。这样说是有道理的，开篇“电急流光，天生薄命，有泪如潮”这十二个字，为这种情感的迸发作了极好的铺垫，这种蓄势待发的情感，就好像潮水一般将要和着纳兰伤心的泪水一同喷涌而出。

“勉为欢谑，到底总无聊”这句话意味颇深，能说出这种话的人必然在生活中经历过极大的悲痛。纳兰能够体会周围人对他的好，所以为了不让身边的人为自己担心，为了不伤害他们的一片苦心，纳兰只好对他们的劝慰报以微笑，只好勉强地同他们一起开怀，装出一副欢乐的样子。可是，这种欢乐终究是勉强的，而情感这种东西又是最勉强不来的，于是，一旦在亲朋好友看不见的时候，纳兰心底总会生出一种百无聊赖之感，认为世界上的一切事物都不能再点燃他的热情，因为他的心已经彻底地死掉了。

人道“一吐为快”，也许，将这种恨说出来就会感觉好受一点吧。但是这种对普通伤心人有用的办法，在纳兰身上却起不了半点作用。虽然言已尽，可是因为这种恨积累得太深太久，已经无法消解了。呜咽的箫声，如泣如暮，如怨如诉，余音袅袅，不绝如缕，更使人倍添伤感。

纳兰究竟在恨什么呢？下阕词为读者揭开了谜底。纳兰应该还是在追忆往日那个侧着宜春髻子恰凭栏的女子吧。记忆回到了几年以前的上元节，纳兰和她在节日的灯火里欢会，佳人手持着装满葡萄美酒的夜光杯频频劝酒，酒暖人亦暖，窗外是圆满的十五的月亮，明晃晃的，没有透出丝毫寒气。这是一幅多么温馨而又美好的图景啊！可惜，这一切都只能在梦境中再次出现了。现在剩下的，只有窗前的寒月，空照着昔日似锦的繁华。

在写罢回忆中欢会的情景之后，纳兰的心又回到凄风苦雨之中。寒风，残灯，冷雨，与之前的“雁齿小红桥”形成了鲜明的对比，更能体现出纳兰伤情的刻骨铭心。

两处销魂，此世难相亲

画堂春

一生一代一双人，争教两处销魂。相思相望不相亲，天为谁春？桨向蓝桥易乞，药成碧海难奔。若容相访饮牛津，相对忘贫。

【赏析】

劈头而来的“一生一代一双人，争教两处销魂”一句，让人觉得纳兰性德心中有说不尽愁苦。这话说得是如此直白，没有丝毫修饰和用典，但是，也正是这份不加修饰的情感，才让人读来更为动容。

明明是天设的一对，地造的一双，为什么非得让两个人天各一方，此生无缘再相见，只能够独处一隅黯然销魂。他们相互思念着，相互守望着，可是就是没有办法相互再见上一面。春来冬去，冬去春来，因为在生活中没有恋人的温暖，即使外界已经是春光明媚的季节，可是这对两个伤心人而言却没有丝毫的意义。不知道天为谁春，不知道月为谁圆，反正为的不是他们，因为他们知道，世上的一切美好都已同他们绝缘了。

小令本来就词短字少，在一阕中接连用典实为大忌，而纳兰偏偏在“桨向蓝桥易乞，药成碧海难奔”一句中连用两个典故，这种看似违背常理的做法却产生了出其不意的效果。

“桨向蓝桥”出自唐人裴铏《传奇》中的《裴航》一篇，传说唐长庆年间的秀才裴航路过蓝桥驿，遇见一个正在织麻的老妇人，因为裴航口渴，于是便向老妇讨水喝。老妇唤云英为裴航取水，裴航看到云英花容月貌，便一见倾心，想娶云英为妻。老妇人告诉裴航说，若要娶云英，则一定要以玉杵为聘。裴航听罢，历经艰辛，终于找到了月宫里玉兔捣药的玉杵，迎娶了云英。此后，两人双双成仙而去。

“药成碧海”则化自李商隐的一首七绝《嫦娥》中的一句，“嫦娥应悔偷灵药，碧海青天夜夜心”。纳兰和他恋人的爱情就好像嫦娥和后羿的爱情一样，虽然没有死别，但是这样的生离比死别更加痛苦。因为两人尽管都好好地活在世界上，却要忍受着无法相见的悲伤，这种今生永远不得相见的分离，就如嫦娥身在月宫永远无法回到人间的苦是一样的。

“桨向蓝桥易乞，药成碧海难奔”两句像极了李商隐诗中第二首的颈联：“贾氏窥帘韩掾少，宓妃留枕魏王才”，每一段爱情总有一个美好的开始，但是每一个爱情却不一定能有一个美好的结局。过去，嫦娥与后羿的结局是分离，甄姬和曹植的结局也是分离，现在，纳兰与她的结局还是分离。

明知此生无法相见，纳兰却还要幻想着能够有一天，同恋人一道抛弃世间的一切繁华，浪迹天涯，即使两人生活得艰辛贫寒，也要在天河之际相互依偎，相濡以沫。“贫贱夫妻百事哀”这句话在纳兰这里是行不通的，因为只要有相爱的人陪在身边，再穷再苦的日子也是甜的。

纳兰同她，一个像牛郎，一个像织女。可是牛郎和织女在每年的七月初七还有鹊桥相会的一刻，而纳兰同她却再也不会有走上鹊桥的那一刻，再也不会有执手相看的那个瞬间了。

弯月盏灯，笑我负春心

采桑子

明月多情应笑我，笑我如今。辜负春心，独自闲行独自吟。

近来怕说当时事，结遍兰襟。月浅灯深，梦里云归何处寻？

【赏析】

可能是因为纳兰容若的生平中留有一些未解的谜，因此他的词中也存在着一些谜。而这一阕《采桑子》就是一个极好的代表，仅从词的文本出发，读者实在无法断定这首词到底是写给谁的，由此便产生了两种观点。一种认为是纳兰容若写给自己从前的好友知己的，而另一种观点则认为这阕词是纳兰写给自己心爱的女子沈宛的。就好像一千个人眼中有一千个哈姆雷特一样，两方的观点都能自圆其说，而且双方都能够提供一些间接的证据来证实自己的观点。不过，就词本身而言，考证得过于实在并没有太大的意义，就好像日本学者在研究陶渊明的《归去来兮辞》“风飘飘兮吹衣”一句中的风到底吹向哪个方向一样，过实、过细地纠缠于一点，反而有可能会破坏词的美感。

纳兰容若是一个极其敏感的人，曾经在他心中留下过的微妙的情感痕迹，在时过境迁之后都会变得泛滥四溢，因此更不用说那些在他心中烙下过刻骨铭心印记的回忆了。

纳兰在开篇以自嘲的口吻写下了明月对他的嘲讽，宋代的张先说：“明月却多情，处处随人行”，多情的明月高高地悬挂在天际，仿佛在那里嘲笑着纳兰从前的无情，辜负了她的一片真心。或许这种感觉对于每个人来说都是一样的，逝去之后才懂得珍惜，所以，在那个人离开之后，纳兰才会有这番感叹。如今的纳兰只能形影相吊，茕茕孑立，孤独地行走在月光之下，孤独地叹息着曾经的美好，吟唱着自己的孤寂。

回忆恐怕是当时纳兰容若心中一根最为脆弱的神经，经不起丝毫触碰。无意中对当时之事的提起，仿佛像一把锋利的尖刀，在纳兰心中划下一道深深的伤痕，淌出汩汩殷红的血液，艳若鲜红的玫瑰花。过去的结遍金兰与现在的形单影只形成了鲜明的对比，繁华过后总要归于寂静，但此时的寂静并非上天的刻意安排，而是来自纳兰自身的“无情”，想到此处，不由得让词人泪湿衣襟。

如今，同纳兰做伴的只有明月和孤灯。一弯月，一盏灯，它们同样也是孤单的。纳兰容若是忧郁的，他不是李白，既不能在孤身一人时依旧豪迈地吟诵着“举杯邀明月，对影成三人”，也不能平静地独坐在一方，淡然地低唱着“相看两不厌，唯有敬亭山”。纳兰只能在这昏暗的月色灯影里回忆着过去的美好，可惜，那些美好只出现在梦里，梦醒后的一切归于常态，逝去的依旧逝去了，像掬在手中的流水一样，曾经拥有过，但是不论后来怎样努力，流走后，就不再回来了……

写给友人也好，作予沈宛也罢，纳兰的情都是真诚的，这一点是无须争论的。

艳羡挚友，写意垂钓翁

浣溪沙·寄严荪友

藕荡桥边理钓筒，苎萝西去五湖东。笔床茶灶太从容。
况有短墙银杏雨，更兼高阁玉兰风。画眉闲了画芙蓉。

【赏析】

这首词写得真是美好之极了，纳兰容若的词中，想必很少有如此闲适的作品吧。

这阕《浣溪沙》是纳兰写给自己的好友严绳孙的。严绳孙就是严荪友，荪友是他的字。严绳孙在当时也可算得上是一个名人了，他与纳兰容若交好，曾经因为有才华颇负盛名，被康熙帝破格擢置二等末，授翰林院检讨，参与过《明史》的修编。但是，严绳孙天性中就有一种不愿被世俗束缚的情结，于是，他在参修《明史》之后不久，就辞官回了江南，隐居在藕荡桥旁，自号为“藕荡渔人”。

纳兰容若和严绳孙可谓是忘年之交了。虽然纳兰生在高官权贵之家，但是他的天性并没有被官场的污浊之气所熏染。他本性单纯善良，情感细腻敏感，身上不带纨绔子弟的浮夸之气，脑中也几乎没有门第等级观念。在纳兰看来，只要趣味相投，不论出身如何，都能真诚交往，甚至成为莫逆之交。他与严绳孙就是这样，即便严绳孙是一介布衣，但纳兰依然待其如知己。

在京时，两人相处甚欢。离别后，虽然远隔千上万水，却丝毫没有阻断纳兰对严绳孙的牵挂，这阕遥寄严绳孙的《浣溪沙》，将纳兰的想念之情全部倾注于纸上。整首词可以说都是由纳兰的想象构成的，并不一定是严绳孙真实生活的写照。纳兰在自己的脑海里勾画了一幅幅严绳孙在江南隐居时的场景，惬意而恬静：垂钓于藕荡桥之畔，泛舟于五湖之上，闲来写诗煮茶，生活过得无比从容。不仅生活幸福，江南的生活环境同样宜人：江南的银杏雨拍打着低低的女墙，高阁旁边种满了洁白的玉兰花，连送来的微风里也带有玉兰的芬芳。不过，生活中最美的一面还是有玉人相伴，红袖添香。严绳孙可以为佳人画眉，还可以在佳人的陪伴下描画别样红的芙蓉花。王昌龄说过："莲叶罗裙一色裁，芙蓉向脸两边开"，不知道严绳孙在面对玉人之时，勾画的是濯清涟而不妖的芙蓉，还是佳人那和芙蓉一样娇艳的面庞呢？全词没有一个字涉及纳兰对好友的怀念，可是在字里行间，却不时地流露着纳兰的思念之情，使人倍感纳兰的真情。

整首词十分别致，却不知道纳兰如此用心地刻画严绳孙隐居之后闲云野鹤一般的生活时是否会带有一点向往，甚至有一丝嫉妒呢？或许是有的吧。身在高门，纳兰的身份注定了他无法如严绳孙一样自由自在，可是纳兰却和他的朋友一样，有着一颗放浪于形骸之外的心，他也渴望没有羁绊没有束缚的生活。在他人眼里，高官厚禄、富贵权势是求之不得的东西，而纳兰却将它们看得很轻。可是，即使纳兰如此想，他依然无法逃避家族、国家、社会加在他身上的责任。一方面，纳兰享受着旁人无法企及的荣华，另一方面，他的内心也承受着外人无法想象的矛盾。

这也许就是一个身在高墙内的才子的悲哀吧，他的心灵向往着翱翔于广袤的山野之间，而身体却被紧紧地锁在金色的囚笼之内。

佛家涅槃，禅音静心间

浣溪沙·游大觉寺

燕垒空梁画壁寒，诸天花雨散幽关。篆香清梵有无间。
蛱蝶乍从帘影度，樱桃半是鸟衔残。此时相对已忘言。

【赏析】

大觉寺，未详何处。今河北省滦县北横山上有大觉寺，又名横山寺，纳兰跟随康熙帝出关必经此地，或该词中的大觉寺可能所指横山寺。又，今北京西北郊群山台之上有大觉寺，该寺始建于辽咸雍四年（1068 年），初名“清水院”，后名“灵泉寺”，金代时为“西山八景”之一。明宣德三年（1428 年）重修，改名“大觉寺”，或纳兰词中的大觉寺亦可能为此寺。

文人游寺，一般都会被其中的幽静冷僻的环境所感染，唐代诗佛王维写过《过香积寺》，其心境与寺院禅房寥落静谧的气氛融为一体：

不知香积寺，数里入云峰。
古木无人径，深山何处钟。
泉声咽危石，日色冷青松。
薄暮空潭曲，安禅制毒龙。

纳兰容若当然也不例外，不过他的词并不像王维的诗那样清冷安宁。开篇两句，纳兰描写了一对鲜明的对比。寺院中一片衰景，只有燕子在空空的房梁上垒巢，连寺中的壁画都是一副寒冷的样子。不过，“天下名山僧占多”，名寺一般都修建在僻静的深山里，以便让修行之人更容易接近禅定的境界，因此，寺中并非空无一人，在紧闭的大门后面，传来了讲道说法的声音。曾经佛祖讲道，诸天为赞叹佛祖说法之功德而散花如雨，而今大觉寺中高僧的讲经说法，在纳兰听来一样玄妙无比。在向里走去，耳边飘来了清幽的诵经声，还能隐隐约约地闻到犹盘香的味道，不觉让人感到心旷神怡。

下阕开头两句，纳兰并没有从大处着笔，来描写“曲径通幽处，禅房花木深”，而是从小处入手，来刻画寺院中的蛱蝶和樱桃。蛱蝶从帘影下翩翩飞过，枝头上悬挂着的一颗樱桃已被鸟儿啄去了一半，就好像此时纳兰的心一样残破不堪。据说，纳兰作这首词之时距离他妻子辞世已有两年了，但从这阕《浣溪沙》来看，纳兰似乎并没有从妻子的离世中完全恢复过来，想到亡妻，他的心依旧会痛。

寂静的纳兰或许能给一个受伤的人些许安慰，纳兰看着眼前情景，心情也暂趋平静了。纳兰《浣溪沙》的最后一句写的很像东晋陶渊明的一首《饮酒》：

结庐在人境，而无车马喧。
问君何能尔？心远地自偏。
采菊东篱下，悠然见南山。
山气日夕佳，飞鸟相与还。
此中有真意，欲辨已忘言。

陶渊明的悠然自得，让他在夕阳之下，看着恬淡的景色欲辨已忘言。而纳兰此时相对已忘言，仿佛是因为他心中积攒着太多太多的情感，在反复交叠，又在佛家涅槃寂静理念的熏染之下，便心领神会了。

纳兰真的超脱了吗？或许没有吧，走出大觉寺后的纳兰容若，依旧还是那个敏感忧郁的多情公子。

祈愿未还，寺院求禅心

浣溪沙

抛却无端恨转长，慈云稽首返生香。妙莲花说试推详。

但是有情皆满愿，更从何处着思量。篆烟残烛并回肠。

【赏析】

失去爱人后的纳兰容若心中一直苦痛万分，他一首一首的悼亡词深深地表达了自己对仙逝的妻子的无尽的怀念。在其他一些词作中，虽然纳兰没有言明自己的苦楚，但是读者能够从词句背后体会到纳兰的辛酸和伤悲。

“抽刀断水水更流，举杯消愁愁更愁”，纳兰容若一次次地想迫使自己从丧妻的阴影中走出来，可无奈，越希望如此，自己的愁却越来越沉重，“此恨绵绵无绝期”，可能是此时纳兰心境最好的写照了。痛苦之人更愿意从宗教中找到寄托，于是纳兰便想在佛教中寻求安慰。世人或许皆知纳兰性德是一位出色的文学家，其实他对于佛理也颇为通晓，他对佛教的接触可能就是出于为了化解丧妻之痛的缘故。

纳兰似乎觉得，只要自己足够虔诚，就可以让妻子重新复生，回到自己身边。于是，纳兰便来到了慈云寺，向佛祖行稽首之礼，希望佛祖能赐给自己返生香，让自己心爱的妻子起死回生。纳兰对于妻子卢氏的情义实在是太深了，在那个男权主导的社会里面，能有几个男子能像纳兰一样痴情？很多男子认为，妻子不是一个活生生的人，她们只不过是家里的一件美丽的摆设，一件生儿育女的工具，没有生命，没有活力。而纳兰却偏偏不这样看，他对于卢氏的情感都是真实的，不带一丝虚假，他和卢氏恩爱非凡，是因为他们彼此之间互相理解，心意相通。虽然纳兰在卢氏亡故后又另娶其他女子为妻，但这并不能否定纳兰对于卢氏的一片真心。

卢氏的离去在纳兰心口留下了一道深深的疤痕，一辈子都没有完全愈合。莲花妙法虽能暂时缓解纳兰心中的痛苦，却不能让纳兰获得永远的慰藉，那个创伤太大，好像一个无底的大洞，怎么也填不满。纳兰认为只要自己潜心希望，有一天自己的祈愿终能变成现实，不过总是事与愿违。或许，纳兰真的不适合佛教，他的情太多，愁太长，像那一江春水，日日夜夜，涨涨落落，奔腾流淌在心中。佛教有三学，叫做“戒定慧”，具体来说就是持戒、禅定、智慧。持戒的目的就是为了需要达到禅定的境界，禅定则是通向智慧的必要途径，而纳兰这样一个多情的人怎么能够让他的心禅定下来呢？

寺院中香火缭绕，并没有让纳兰体会超脱之感，那袅袅的烟缕好似思虑忧愁盘旋于脑际，反而使纳兰更加柔肠寸断，别是一番滋味在心头。

千万莫笑纳兰痴，如此痴情之人，可能不是每个人都会去欣赏，但永远值得每个人去崇敬。

起落难料，历史淘英雄

好事近

马首望青山，零落繁华如此。再向断烟衰草，认藓碑题字。

休寻折戟话当年，只洒悲秋泪。斜日十三陵下，过新丰猎骑。

【赏析】

一阕悲壮的词。纳兰容若笔下难见如此沧桑而有力的手法。这首词描写了秋日在北京十三陵狩猎的情形。骑在马匹之上，瞭望远处的青山，山上一片萧瑟的景象。秋属金，在五行之中金克木，因此秋天树叶飘零，毫无生气。在满眼衰草荒烟之中，纳兰看到的是落寞已久的繁华。狩猎对于很多人来说的确是一项令人热血沸腾的活动，陪伴康熙御驾而来的官员们都尽情地享受着这策马扬鞭的时刻。可是，这次狩猎却无法让纳兰的心情略微开朗一点，他宁愿一人独处于秋风之中。有人说，狂欢是一群人的孤单，可是纳兰的孤单绝对不是一种狂欢。

石碑是过去功绩的记录者，它通常见证过一个伟大的胜利，石碑上所刻下的碑文，总是述说着一个个使人激动不已的故事。历史上有一著名的石碑，位于今山西省怀仁县境内，它记载着汉代大将李陵对阵匈奴大获全胜的事迹。相传，汉代武帝时期，骑都尉李陵率军由肃州北出居延海抗击匈奴，大胜而归。在他班师凯旋之际，路过花城湖一带，李陵觉得此处水草丰茂，而且四面沙丘回护，是个屯兵的好地方，便下令在此安营扎寨。一日，李陵举目南望，眺见远方祁连山白雪皑皑，近处烽燧峭然耸立，又想到自己征战匈奴战功赫赫，不禁豪情顿生，萌发了勒石记功的念头。于是，李陵命令全军将士夜以继日轮班运土填湖，夯筑了一座黄土墩台。同时，他也在台上亲笔书写了“誉满边关”四个大字，署名“骑都尉李少卿题”，然后刻字勒石，立于墩台之上。可是在纳兰眼里，那曾经记下显赫战绩的石碑如今还是湮没在青青的苔藓之中，早已失去了往日的光辉。

起落难料，盛极必衰，过去在历史上叱咤风云的人物不是早就在时光的河流里销声匿迹了吗？杜牧的《赤壁》一诗中不是说过“折戟沉沙铁未销，自将磨洗认前朝。东风不与周郎便，铜雀春深锁二乔”吗？兴盛与衰落，不过是上天给人们开的一个玩笑罢了，一场及时的东风就让周瑜大败曹操水军，要是上天不给周瑜行这样一个方便，那么赤壁之战的结果就会彻底颠倒过来了。因此，何必过分执着于当年的胜败呢？大胜也好，惨败也罢，这些在时光的面前都渺小得如同沧海一粟。

连那些被刻写在石头上的事情都经不起历史洪流的淘洗，何况一个一个如同流星一般划过天际的个体呢？纳兰想到此处不仅泪洒衣襟。斜阳下的十三陵是一片苍茫的壮丽，可是在纳兰看来其中却包含着一种说不出的悲伤。

纳兰知道在时间面前，一切都显得那么无力。很多人认为爱情可以经得住时间的考验而得以永恒，但是波德莱尔《恶之花》中的《腐尸》却将其全盘否定，什么可以永恒，或许只有艺术吧。在往日的辉煌和落寞都已消失在荒草中之时，只有纳兰的词，穿越了百年，至今让人品味着其中隽永的美。

人间如梦，梦醒痛浮生

江城子·咏史

湿云全压数峰低，影凄迷，望中疑。非雾非烟，神女欲来时。若问生涯原是梦，除梦里，没人知。

【赏析】

初读这阕《江城子》时，有人可能会感到奇怪，“江城子”不都是有七十个字，分上下阕的词吗？为何这首词只有半阕呢？其实，这首词并没有少，“江城子”这一词牌，取自五代十国时期文人欧阳炯词中“如西子镜照江城”一句，最早见于《花间集》中的韦庄词，单调共三十五字，七句五平韵。到了宋代，文人将单调的“江城子”改为了“双调”，即分为上下片，共七十字，每片都是七句五平韵。后来，不论单调还是双调，都依然使用“江城子”这一词牌名。纳兰写的这首显然是单调的“江城子”。会产生这样的疑问并不稀奇，只能说苏东坡的那两首双调的《江城子》（《江城子·

密州出猎》以及《江城子·十年生死两茫茫》）给人留下的印象太深刻了，以至于忽略了这个词牌的另一种存在形式。

词牌暂时说到此处为止，还是回到词的本身。这阕词的题目叫做“咏史”，但是一开篇，读者就能够感受到这首咏史之作与其他同类题材的作品有着相当大的区别。词中没有对古代宫阙战场或是碑林遗迹的描写，起笔写出的景色之中虽然依旧充斥着浓浓的、无法化解的哀伤，但是与此同时还营造出了一种梦幻的感觉。乌云笼罩在山巅，使得远处的青山显得格外低矮，暴雨将要来临，空气中氤氲着潮潮的湿气，让人感到无比压抑。本来纳兰的心情就极其糟糕，再加上天气的感染，不觉心头阴霾重重。

纳兰经历的不如意，真的是太多太多了，他那单薄的身子都快要被这些无形的重担压垮了。泪眼迷离之间，纳兰看到远处有一个熟悉的影子向着自己缓缓走来，她轻移莲步，身形姿态像极了那个令他朝思暮念的人儿，真的是她吗？纳兰不禁惊愕了。

既然是咏史之作，免不了要带上一点历史的气息，于是纳兰就在下片之中引入了楚怀王和巫山神女的典故。文学作品中关于巫山神女的记载，最早见于宋玉的《高唐赋》。据说，宋玉陪楚襄王游云梦泽的时候向楚王讲述了巫山神女和楚怀王的爱情故事，他在赋中写道：

昔者先王尝游高唐，怠而昼寝，梦见一妇人曰：“妾，巫山之女也。为高唐之客。闻君游高唐，愿荐枕席。”王因幸之。去而辞曰：“妾在巫山之阳，高丘之阻，旦为朝云，暮为行雨。朝朝暮暮，阳台之下。”旦朝视之，如言。故为立庙，号曰朝云。

楚怀王梦中遇巫山神女，醒来时，神女早已离去。看来纳兰在朦胧之中看到的那个身影恐怕也是在梦境中所见的吧，一旦梦醒，一切皆归于平静。爱情如梦，这是纳兰自身经历过的痛，一辈子的痛，而浮生又何尝不如梦呢？在《念奴娇·赤壁怀古》中苏轼说过：“人间如梦，一樽还酹江月。”苏轼把对如梦人生的感慨冲淡在一杯薄酒之中，而纳兰的惆怅似乎在梦醒之时越发浓烈了。

寒鸦夜啼，秋夜最愁人

酒泉子

谢却荼蘼，一片月明如水。篆香消，犹未睡，早鸦啼。

嫩寒无赖罗衣薄，休傍阑干角。最愁人，灯欲落，雁还飞。

【赏析】

这是一首情景交融的纳兰词。纳兰性德在这短短的四十个字中表达出了一种延绵悠长的愁情。

上片首句中写到的荼蘼，是一种蔷薇科的草本植物，在夏季开花，花朵小而白，而且白得极为灿烂夺目，有一成语叫“如火如荼”，它的原意就是说像火一样红，像荼蘼花一样白，由此便可以想象荼蘼花成片开放时候的壮丽情形了。在古人眼里一般花卉的花季都在春天，所以春天才会被认为是最富有生机的季节。而荼蘼花却偏偏开放于盛夏，宋代苏子瞻有一首诗，题为《杜沂游武昌以荼蘼花菩萨泉见饷》，其中就有一句写到了荼蘼花："荼蘼不争春，寂寞开最晚。"因此，古人认为荼蘼是所有花朵中花期最晚的一种，只要荼蘼花凋谢了，那么一年的花季就从此画上了句号，如果想要再见百花齐放、欣欣向荣的景象，那么只能等待来年了。荼蘼花落，宣告着新生的完结，于是，一股伤感之情就自然地浮上心头了。

荼蘼花谢，一年之中最繁华的季节即将过去，纳兰容若本来就不是一个快乐的人，看到韶光易逝，自然倍添忧愁。抬头望着天空，也只有一轮明月挂在天际，仿佛地面上一泓冰冷冰冷的湖水，反射着清幽的光辉。篆字形的盘香已经燃尽，而纳兰却还没有入眠，耳边忽闻早起的寒鸦已开始啼鸣，又是一个不眠之夜。这样的夜晚对纳兰来说早就习以为常，可能只有夜晚的安宁才能让纳兰体会到片刻的平静。虽然纳兰知道无人陪伴的夜里是寂寞的，但是，他似乎更加愿意沉浸在这样的寂寞，甚至是痛楚之中，而不愿意回到白天的阳光之下去理会人世间永远说不清也道不明的纷繁复杂。

清晨料峭的微寒伴着清风袭来，因为身上的衣服过于单薄，所以不禁打了一个寒战。忽然想到，这也不能责怪寒气侵人，怪也要怪自己在阑干旁边倚靠的时间太过长久了。

"最愁人"三个字是这首词中唯一一处直接抒情，纳兰到底是在愁什么呢？灯花欲落，那是天将明又未明之时，预示着漫漫长夜即将过去，新的一日即将开启。在南方过冬的大雁即将飞回北方的家园，它们是春日的使者，北雁南飞，宣告着新的一季已经到来。“灯欲落，雁还飞”可能不是实写，而是纳兰接着上句的抒情而发出的感慨：世上万物皆能往复，为何唯独人生却不能如此，离人总不能随着雁群一起回来，逝去的总是消散在时间的长河里，一去不复返。

纳兰的词很美，不管以何为题，都逃不出“凄艳”二字，“凄”说的是纳兰词中所含的情，“艳”则说的是纳兰作词时选词联句的笔法。这阕寒夜的愁怨正好凸显了这两大特点，读来也别有一番滋味。

伊人独立，春风不解情

查生子

东风不解愁，偷展湘裙衩。独夜背纱笼，影著纤腰画。

爇尽水沉烟，露滴鸳鸯瓦。花骨冷宜香，小立樱桃下。

【赏析】

纳兰容若的这一首《查生子》活脱脱就是一幅图画，寥寥四十字，就画出了一幅有情有景的美人图。明代的风流才子唐寅善于用丹青画仕女，清代的多情公子纳兰长于用文字“画”美人，要是他们两人生于一个时代，一个作画，一个题词，那定能让诗画相得益彰。

春日的风一定不了解人间的愁苦，还是任意地吹着，吹展了女子的罗裙，也吹乱了女子心中的愁思。李白也曾写过“春风不相识，何事入罗帏”，看来春风在文人墨客们眼里，真的是一个不解风情的家伙呀！春天原本就是万物生长的季节，因此，女子心中的愁绪也如蔓草一样生发起来，铺展开去……第二句中一个“偷”字用得绝妙，从侧面写出了女子的容颜美丽。古代，那些容颜绝丽的女子一定会把自己藏在深闺之中，要想一睹芳容谈何容易，也就只有这来无影去无踪的春风才能偷偷地窥见她那绝世的美貌。

纳兰对于这个女子的关注并没有停留在她的容貌上，于是后面两句描写的便是这个女子独立春风之中的一个剪影。由于关注点的不同，通常会刻画出不同的人物气质，就好像曹雪芹写的《红楼梦》中，林黛玉初进荣国府之时，曹雪芹对于贾府中的女子和黛玉的描写，就有着不同的侧重点。特别是他笔下的黛玉：

两弯似蹙非蹙罥烟眉，一双似喜非喜含情目。态生两靥之愁，娇袭一身之病。泪光点点，娇喘微微。闲静似娇花照水，行动如弱柳扶风。心较比干多一窍，病如西子胜三分。

这几句话写的仿佛是一个仙人，没有沾染丝毫尘世的俗气，好似一个仙子飘落到了人间，这种高贵冷艳的气质恰恰与黛玉的性格是相符的。纳兰也是一样的，虽然他没有正面刻画女子娇艳的面庞，但是从他的文字中依然能够感受到女子的美丽。漫漫长夜里，女子独自一人背靠着薄纱制成的灯罩，朦胧的烛光照在墙上，投下女子纤细的倩影。纳兰很是心细，主要把笔墨着在了对女子腰部的刻画上，一个“纤”字，生动形象地写出了女子因为思人而消得憔悴如斯。

下片的起句，纳兰笔锋一转，把注意点从女子的身上转到了周围的环境上。虽说是在春天，但是却丝毫没有春日的气息，如果不是上阕有“东风”二字，很有可能会有人以为这时的季节是萧条的秋日呢。炉中的水沉香已经完全燃尽，窗棂之外传来了露水滴在鸳鸯瓦上的嘀嗒声。纳兰的词真是笔笔皆有内涵，他笔下的瓦片是鸳鸯瓦，是成双成对的瓦片，这与屋檐下的女子形成了鲜明的对比，因为她只有孤身一人，和她比翼双飞的人儿此时还远在他乡，真是愁到了极致！

全词在一片冷美的景象中收尾，芬芳的花朵和女子一样孤单，独立在草丛间。“小立樱桃下”一句没有主语，不知道是女子独立樱桃树下，还是那朵和女子一样寂寞的花儿独立樱桃树下。一个孤独的人，一朵寂寥的花，她们相互陪伴，也许能够稍稍化解一下无边无际的忧愁吧。

春光无限，樱桃宴得意

查生子

鞭影落春堤，绿锦障泥卷。脉脉逗菱丝，嫩水吴姬眼。

啮膝带香归，谁整樱桃宴。蜡泪恼东风，旧垒眠新燕。

【赏析】

这首词作于康熙十五年（1676年），当时，纳兰容若正值二十二岁。这年，纳兰参加进士考试，考中了二甲第七名，康熙帝授予纳兰三等侍卫的官职，这样的职位对于一个初入官场的年轻人来说可谓是风光无限。

不管纳兰今后如何厌倦官场宦海，此时的纳兰还是对于未来的生活抱有美好的希望的。古人在科场高中之后，都喜欢策马游玩一番。恰逢春光无限好之时，纳兰骑着骏马在堤岸上奔驰，词的前两句没有直接交代骑马的情形，而是通过写马鞭的影子和鞍鞯的样子间接地来让读者体会马蹄上下翻飞的热闹场景。春日的堤岸两旁鲜花盛开，嫩草茵茵，春日的湖水，一望无际，平静如镜。菱丝漫漫，飘散在空气里，它们相互交织缠绕，好似含情脉脉的少女。“丝”字与“思”字谐音，用于此处，颇有一语双关的味道。一汪春水仿佛像江南美人的眉眼，温柔动人。宋代词人王观有一首《卜算子·送鲍浩然之浙东》就把流水似的眼睛比喻为：

水是眼波横，山是眉峰聚。欲问行人去那边，眉眼盈盈处。

才始送春归，又送君归去。若到江南赶上春，千万和春住。

这阕《查生子》的上片，充满了各种明快的景象，体会不到一丝忧愁，这恐怕在纳兰词中也是不多见的。

词的下半阕依旧延续着上半阕的愉悦之情。春天里万物复苏，百花齐放，因此从湖边归来之后连身上都带着春日独有的芬芳，踏花归去马蹄香，曾经出现在画中的情景，也让纳兰亲身经历了一回。迎接纳兰归来的是一场樱桃宴，樱桃宴是古代庆贺新进士及第的宴席，始于唐僖宗时，由于当时发榜的时候正逢樱桃成熟的季节，于是便有了这样一种传统，之后的朝代里这种风俗依然保留了下来。

民间流传的人生四大幸事分别是：久旱逢甘露，他乡遇故知；

洞房花烛夜，金榜题名时。纳兰此时已经历了金榜题名和洞房花烛两大幸事，真是春风得意。不过，最后的两句话还是让词有一种情感上的转变。可能是纳兰本性使然，他总能从繁华中看出没落，在人人都喜笑颜开的樱桃宴上，纳兰关注的偏偏却是蜡烛留下的红泪。虽然此时纳兰笔下的蜡泪还是带有一点俏皮的色彩，和东风形成了一对欢喜冤家，但是那毕竟是泪滴，蕴藏着莫名的愁绪。最后一句，一切都归于平静，梁上的巢穴依旧，里面住着的是一对新燕。新燕代表着新生，代表着希望，可纳兰在新燕之前却用上了一个“眠”字，不禁让人觉得希望与失望的相互交织，希望是有的，可是它却沉睡着，不知何时能够醒过来。

词的总体基调是积极向上的，应该也只有年轻气盛、意气风发的纳兰才能够写得出这样一阕词。或许当他历经世事变迁之后，再回过头来看看这首词，只能露出无奈的微笑吧。

丽影成双，三年相思醒

查生子

散帙坐凝尘，吹气幽兰并。茶名龙凤团，香字鸳鸯饼。

玉局类弹棋，颠倒双栖影。花月不曾闲，莫放相思醒。

【赏析】

和妻子卢氏在一起的生活，对纳兰容若来说总是美好的。从这阕词的感情基调来看，应该是作于纳兰新婚后不久，当时的他还沉浸在婚后的甜蜜之中。

打开书本来阅读，身边有气吹如兰的美人作伴，即使是身处积满尘垢的陋室之中也无妨。纳兰的这种感觉，是不是有点像唐代的刘禹锡呢？刘禹锡有一篇十分著名的散文，题为《陋室铭》：

山不在高，有仙则名。水不在深，有龙则灵。斯是陋室，惟吾德馨。苔痕上阶绿，草色入帘青。谈笑有鸿儒，往来无白丁。可以调素琴，阅金经。无丝竹之乱耳，无案牍之劳形。南阳诸葛庐，西蜀子云亭。孔子云："何陋之有？"

不过，刘禹锡能够借助孔子之口发出"何陋之有"的感慨，是因为他渴望洁身自好，向往安贫乐道的生活，不愿意与世间的污秽之气同流合污。而纳兰不在意住处的简陋，更大的原因可能是因为有卢氏相伴，在他眼里，只要他们夫妻二人能够长长久久地在一起，那便是最大的幸福了。元稹在《遣悲怀》（其一）中有一句名言，曰："诚知此恨人人有，贫贱夫妻百事哀。"或许，这在纳兰看来并不是真理，只有夫妻分离才会百事哀，贫贱只是物质上有所缺乏，但如果精神上是充实的，依旧可以在苦中作乐。

从词的第二、第三句不难看出，当时的纳兰确实生活在幸福美满之中——连他平日喝的茶，都名叫龙凤团，连屋内燃的香，都名曰鸳鸯饼。

词进入下阕，依然是一片愉悦的景象。闲来无聊，纳兰就和妻子卢氏一起对弈几局，不过下着下着，两人就忘记了时间流逝，就这样一直忘情地下到了月上柳梢头。棋盘上投下了窗外枝头鸟儿成双的丽影，这才让他们意识到了金乌早已西沉，玉蟾已经悬挂天际。夫妻之间的琴瑟和谐，让纳兰抛开了一切的烦恼，就连梦境里也充满了风花雪月，欢声笑语。纳兰多么希望自己就一直沉醉在这样的生活中，永远不要醒过来。

可能连纳兰自己也不曾想到过，这场梦竟然会醒得这样快。纳兰和妻子的美满生活仅仅过了三年，卢氏就在产后因为偶感风寒，最后撒手人寰。知道纳兰和卢氏结局的读者读起这首词来，一定会感到格外的心酸。因为，纳兰渴望“莫放相思醒”，可是，这美好偏偏就在三年之后被永远地埋葬了。

初读此词，读不出纳兰的半点哀愁，但是如果联系纳兰之后的人生经历来看，读出的一定不会是温暖的幸福，而是满纸荒唐言，一把辛酸泪，字字如杜鹃啼血，句句如鲛人泣珠。

心愁病恶，华堂锁囚徒

忆秦娥

长飘泊，多愁多病心情恶。心情恶，模糊一片，强分哀乐。

拟将欢笑排离索，镜中无奈颜非昨。颜非昨，才华尚浅，因何福薄？

【赏析】

长飘泊……

开篇的三个字，就奠定了纳兰容若这阕《忆秦娥》的基调，注定又是一首感叹羁旅的长短句。如果按照西方的艺术理论来划分，纳兰性德一定是一个浪漫主义而非现实主义的文人，他多愁善感，超逸脱俗，又落拓不羁。这样的人只适合生活在自己的世界里，任凭思绪漫天飘飞，望着远方的一片树林，眼里留下两行清泪。怎奈纳兰容若出生于钟鸣鼎食之家，一来到人间便注定了他此生生活不会在平静中度过，再加上纳兰本人才华出众，性情洒脱，年纪轻轻就入值宫禁，平步宦海。纳兰的性格和生活的经历构成了一组极大的矛盾，给他带来了沉重的心理压力。如果能够选择，纳兰才不会愿意每天过着机械重复的生活。一次又一次的外出巡游、打猎、查看边防，让纳兰觉得生活在一个巨大的囚笼里，这个囚笼是用金子铸成的，远远看来，金碧辉煌，所以，有许多人想尽办法，希望在这个牢笼中找到一席之地。可是，就好像钱锺书先生在《围城》中写下的一句话一样“围在城里的人想逃出来，城外的人想冲进去”，纳兰就是一个被围在城里很久很久的人，他想逃出去，但是无奈身不由已。

纳兰心事重重，满腹愁绪，加之身体虚弱多病，于是心情就变得十分不好。这样不好的心情已经持续了很久，以至于现在纳兰连喜怒哀乐也分不清楚了。官场的生活让纳兰觉得丧失了自我，自己就好像是一个傀儡木偶，有着长长的吊线，让人牵着摆弄，不得丝毫自由。别人开怀大笑的时候，纳兰也跟着大笑，但却不知自己因何而乐，别人下跪叩头的时候，纳兰也跟着下跪，但却也不知自己因何屈膝。纳兰仿佛生活在别人的生活里，没有真心的笑，也没有真心的哭，整天浑浑噩噩，昏昏沉沉，只等待着太阳西斜。

想要真真正正地开怀大笑一番，来排遣自己心中郁结已久的烦恼，可是看着镜子中自己衰老的容颜，却怎么也笑不出来了。原来，光阴不等人，而自己却把大好的青春年华统统花在了这种没有意义的日子里，这令纳兰痛心疾首。杜甫说过“魑魅喜人过，文章憎命达”，上天是公平的，才华横溢之人总是得不到命运的眷顾，定要在一生中备受艰难苦恨。但是纳兰确认为自己就是一个才疏学浅之人，比不上那些学问高深、才高八斗的鸿儒大德，为什么上天还要和自己开这样的玩笑，让他一生福薄遭忌呢?

或许，有人会引用《孟子》中的一段话来安慰纳兰：“天将降大任于斯人也，必先苦其心志，劳其筋骨，饿其体肤，空乏其身，行拂乱其所为，所以动心忍性，增益其所不能。”其实，纳兰并不希望成为能够担当得起天下重任的人，他只希望平平静静、快快乐乐地过完自己的一生，只可惜这个愿望如此微小，却也离纳兰如此遥远。

绿密红稀，心上人未归

醉桃源

斜风细雨正霏霏，画帘拖地垂。屏山几曲篆香微，闲庭柳絮飞。

新绿密，乱红稀。乳莺残日啼。春寒欲透缕金衣，落花郎未归。

【赏析】

纳兰容若对于零落春景的描写真可谓是一绝了，不知道他在多少篇词中写过相似的场景，但是每篇读来却都不感到重复，难怪后人对纳兰词的评价极高，连民国大学者王国维都对他的词赞不绝口，并推崇纳兰为有清一代“独得意境之深”的重要词人。

又是一个伤春的日子，庭院里微风带来细雨纷纷扬扬地飘洒着，绣着图画的帘子垂到地上，在清风的抚摸下，来来回回，轻轻地摇摆着。上古《诗经》中有这样几句诗，极负盛名：“昔我往矣，杨柳依依；今我来思，雨雪霏霏。”虽然期间没有直接抒发人的情感，但是随着杨柳到飞雪的变迁，离别之情，思想之感，无不体现得淋漓尽致。此处，纳兰没有明说，但是从词中意象的组合情况来看不难发现，全词浸润在淡淡的愁情之中。

屋内，屏风蜿蜒曲折，点燃的熏香送来袅袅清香；屋外庭中，柔风拂面，其中夹杂着片片柳絮，如雪花一般飘飞着。这是暮春的季节，柳絮因风而起，宣告着春日即将结束，夏日马上到来。

春天是万物复苏的季节，夏天是万物肆意生长的日子。树木早已在初夏脱去了初春时节嫩绿的服装，换上了碧绿碧绿的夏衣，生机勃勃。百花开尽，点点残红在一片亮绿中显得那么渺小，真是应了李清照《如梦令》中的那句“知否，知否，应是绿肥红瘦”了。

“乳鸳残日啼。春寒欲透缕金衣，落花郎未归”，这结尾的三句话写得十分有趣，句句富有深意。一般人们都会把残日和寒鸦联系在一起，构成一幅冷冷清清的图画。而此处纳兰将乳鸳和残日相配，形成了很大的张力。鸳鸯是恩爱祥和的象征，而残日却给人一种日薄西山的萧索，两者搭配在一起，既道出了时间的推移，又点明了闺阁中女子的心情。

前面的大半阕词都是用来写景的，而纳兰终于在最后两句中，将写景转到了叙事和抒情之上。已经快到初夏时节，而料峭的春寒在女子看来依旧没有散去，即使身穿着金丝编织的衣服还是能感到微微的寒意。暮春的傍晚的确透着丝丝凉意，不过恐怕此时女子的心情比这春夜的空气更加寒冷吧。女子的心为何寒冷？原来是她苦苦等待的那个心上人一直没有回来。从前面的词句中，读者不难体会到这个女子从天明一直等到日落都没有等到他的归来，而从最后一句中还可以发现，这个女子的等待已经不是一朝一夕的了，她从花开等到花落，又从花落等到来年花开，日日如此，年年如此。他已经离开了这么长时间，为何现在还不回来，难道他不会回来了吗？

这样的写法对于女子来说显然太过残酷，因此纳兰写到“落花郎未归”时就搁笔不写，剩下的结局就由读者自己去猜测了。

风流总被，雨打风吹去

一络索

野火拂云微绿，西风夜哭。苍茫雁翅列秋空，忆写向、屏山曲。

山海几经翻覆，女墙斜矗。看来费尽祖龙心，毕竟为、谁家筑？

【赏析】

据说，纳兰容若的这阕《一络索》正好作于“鬼节”之时。鬼节时值每年农历的七月十五，又叫“中元节”，传说这天，阎王打开地狱的大门，放出在其中大大小小的鬼魂，让它们来到人间享受人们的祭供。因此，纳兰这首词不免带上了一些阴森恐怖之气。

此词开篇起笔两句，显得给外凄惨，似乎有点替鬼作词的味道。众所周知，唐代有一位和诗仙、诗圣齐名的诗人叫李贺，世称“诗鬼”，他的诗歌因为想象绮丽、意象独特，颇有鬼神色彩。他最擅长写"鬼诗"，有些鬼诗读起来，甚至会令人毛骨悚然。即使李贺诗歌的开篇色调明快亮丽，但是随着诗的深入，仿佛带着人进入了一个充满了恐怖传说的秘密森林，使人不寒而栗。他的《南山田中行》就是一个极富代表性的例子：

秋野明，秋风白，塘水漻漻虫啧啧。
云根苔藓山上石，冷红泣露娇啼色。
荒畦九月稻叉牙，蛰萤低飞陇径斜。
石脉水流泉滴沙，鬼灯如漆点松花。

而纳兰的这阕词中，开篇就写到了在一个荒郊野外，闪着点点绿色荧光的鬼火，在空气中浮动跳跃着，好像伸出手抚摸着低低的行云。西风呼啸而过，仿佛有人在耳边哭泣，如怨如慕，如泣如诉。苍苍茫茫的天空上，飞过一群大雁，正是这群有生命的鸟儿，才稍稍缓和了一下阴冷的气氛。范仲淹在《渔家傲·秋思》中也写过大雁："塞下秋来风景异，衡阳雁去无留意。"都是雁群南飞，范词显得情绪激昂，纳兰词则是婉转幽怨。

远远望去，如屏风般的山峦起起伏伏，在山峰之上，不正有秦始皇当年修建的长城吗？从秦朝修建长城到现在已经有近两千年了，世上的政权几经易手，唯有着坚固的万里长城在经历了风风雨雨的洗礼后，依旧屹立不倒。秦始皇筑长城是为了巩固国家的边防，防止北方少数民族的入侵，但是，他繁重的赋税徭役和严刑峻法，让百姓苦不堪言，全国上下怨声载道，导致陈胜吴广揭竿而起，而且最终在二世之时，咸阳亦被攻破，秦朝就此灭亡。难怪有官员曾经提议请康熙帝修筑长城时，康熙帝说过这样一段话："明修长城，工程浩大，劳民伤财。何曾能阻我先帝龙兴关外，革鼎中原！修长城又有何用？不足取。人心即是无形的长城，只要人民安居乐业，天下一心，便是万古不废之长城！"

秦始皇的长城并没有让秦朝传万世而不衰，那么这长城究竟为谁而筑的呢？这是很多历史学者都想不明白的问题，何况纳兰容若？历史是无情的，它能够淘尽往日的一切，不管是曾经煊赫一时的王侯贵族，还是才华出众的才子学者，他们都是历史长河中的一朵朵浪花，虽然曾在昔日奔腾跳跃过，但是如今依然被时间抚平了痕迹。

长城浓缩着厚重的历史，人生与之相比显得如此短暂，这不禁让纳兰暗暗地问自己："生活有何意义？最终人将走向何处？"这也是一个长期困扰着古今中外哲学家的问题，至今依旧无人能给出一个让所有人满意的答案。

相思难遣，离人道不尽

——络索

过尽遥山如画，短衣匹马。萧萧木落不胜秋，莫回首、斜阳下。

别是柔肠萦挂，待归才罢。却愁拥髻向灯前，说不尽、离人话。

【赏析】

上情下景在词作中是很常见的。但是纳兰容若这阕词有一个特别之处：上阕是从一个征人的角度来写征途上的景色，下阕却通过一个闺阁女子的眼光来写相思之情。

穿着骑士的短装，骑着威武的骏马，行进在连绵起伏的山峦之上，这是一支雄赳赳气昂昂的威武之师。可是，其中有一个征人，他可能是纳兰的化身，在这军容齐整、严阵以待的队伍里，看到的却是“无边落木萧萧下，不尽长江滚滚来”的苍凉，回首望故乡，不知家乡在何方，只有夕阳西下，把世间的一切都笼罩在一片没落的金色之中。

在国运昌盛之时，文人总会生出一种投身于金戈铁马之中以报效祖国的想法，连诗佛王维都曾经被这样的情怀感染过。他在《少年行》组诗中写道："一身能擘两雕弧，虏骑千重只似无。偏坐金鞍调白羽，纷纷射杀五单于。"其中的豪情壮志，溢于言表。初唐四杰之一的杨炯甚至在《从军行》中感慨道："宁为百夫长，胜作一书生。"而纳兰容若，这个忧郁的多情公子，却偏偏和他们有着不一样的情怀。出塞从军觅封侯固然是有担当的男子一生追寻的梦想，但是，有得必有失，若是要用无休无止的离别来换取功名利禄以及风光无限，那么纳兰宁可选择放弃这样的梦想。不是纳兰不爱自己的国家，也不是他过分儿女情长，而是他确确实实体会过远征戍边之苦，这不仅仅累人，而且更加累心。很多文人能够发出甘愿戎马一生的豪言壮语，那是因为他们还没有体会过行军出征，他们的刀光剑影只存在于他们的想象之中，那是他们的侠客情结在作祟，当他们真正投身军营之时，恐怕就会发出和《诗经》中的《采薇》一样的感慨。

词进入下阕之后，空间便从塞外转到了闺阁。这是一个愁肠百结的女子，她为那个外出远征之人日日夜夜牵肠挂肚，而这种愁绪，只有到他平平安安地回到她面前之时才能完完全全地告一个断落。愁情难遣，怎么办？只好手捧着自己垂在耳边的发髻独自一人坐在朦胧的烛光之前发呆，口中念念有词，那是永远也说不尽的相思，何当共剪西窗烛？《古诗十九首》中的第一首诗说：“行行重行行，与君生别离，相去万余里，各在天一涯。”正是闺中的女子在等待着心上人而心上人却不归来发出的叹息吧？

不知道此词中，纳兰是将自己比做征夫，还是将自己当做思妇，总之，无论身在何方，他的心中总是记挂着一个人的，而且这种思念令其痛苦不已。所以说，一生之中有纳兰容若这样一个知己是幸运的，因为他无论对于友情还是爱情，都用情至深，几近痴狂。只要是纳兰认定的朋友或是爱人，不论他生在何时，处在何地，都能牢牢地牵动着他那根脆弱的心弦。

浮生若梦，惆怅事无数

鹧鸪天

独背残阳上小楼，谁家玉笛韵偏幽。一行白雁遥天暮，几点黄花满地秋。

惊节序，叹沉浮，秾华如梦水东流。人间所事堪惆怅，莫向横塘问旧游。

【赏析】

古代文人在登高之后，一般都会产生两种截然不同的情怀。一种人会生发出“百尺竿头更进一步”的高昂情绪，其代表之一就是王之涣的《登鹳雀楼》：

白日依山尽，黄河入海流。

欲穷千里目，更上一层楼。

而另一种人，则恰恰相反，一种兴亡之感、惆怅之情会随着登山高处扑面而来，其代表之一就是杜甫的《登高》：

风急天高猿啸哀，渚清沙白鸟飞回。
无边落木萧萧下，不尽长江滚滚来。
万里悲秋常作客，百年多病独登台。
艰难苦恨繁霜鬓，潦倒新停浊酒杯。

纳兰容若显然属于后者。在这阕《鹧鸪天》中，纳兰伴随着夕阳的余晖独上小楼，落日照在他的背脊上，形成一种厚重的感觉。此时，独立小楼的纳兰就好像一尊金属的铜质塑像，凝重而沧桑。谁家玉笛暗飞声？随风飘来了袅袅的吹笛之声，又好像远远的花丛中送来的暗香似的，虚无缥缈。“此夜曲中闻折柳，何人不起故园情？”笛声虽然不似箫声呜咽，但是它同样也能够激起人们心中的身世之感、怀人之情。抬头仰望天空，大雁排着整齐的队伍，拍打着翅膀，向着远方飞去，它们是要去南方过冬了。虽说地上还只有几点黄花，却宣告着秋天已经来到，“几点”和“满地”之间形成了强大的张力，但是一叶尚能知秋，何况黄花已经开放？

纳兰惊叹四季交替如此之快，真的是浮生若梦，大好的青春随着一江春水向东流，不可能再回来了。日日夜夜掰着手指数着日子，渴望赶紧过年的只有孩子，因为一到新年他们就会有新衣服穿，有好东西吃，还可以拿压岁钱，而人一旦步入成年阶段，就永远也不会期盼新年的到来。不想长大是一种普遍的情结，怀念旧日的美好时光，怀念往日无忧无虑的生活，只要长大了，开始接触世界上的人情世故，就会感到现实是如此残酷，要想在现实的洗礼后在回到孩提时代的纯真，那就好像伸手去摘天上的月亮一样难以做到。

纳兰觉得人生在世有无数惆怅的事情，既然如此，那就千万不要再回到曾经去过的横塘，去询问旧游今在何处。因为不可能回到从前了，没有什么事情是可以从头再来过的，过去的事情即使再美好，此刻也只能存在于纳兰的脑海里了。“从头再来”是一种固执的执着，虽然可以从口中轻描淡写地说出这四个字，但是只有真的去做了之后，才能体会到从头再来的不易。

纳兰容若似乎深深地知晓其中的道理，因此他对于季节变迁、时光流逝十分敏感。纳兰总会在词中感叹红颜易老，其实他自己也只不过是一个二十几岁的少年。或许是上天把其他人六十年的寿命融化在了纳兰一生三十年的时间之中，才会让纳兰的词读来有一种历经了无数春花秋月的感觉。

红楼隔雨，天涯相望冷

鹧鸪天

别绪如丝睡不成，那堪孤枕梦边城。因听紫塞三更雨，却忆红楼半夜灯。

书郑重，恨分明，天将愁味酿多情。起来呵手封题处，偏到鸳鸯两字冰。

【赏析】

因为思念心上人而辗转反侧夜不能寐的诗歌很早就出现了，《诗经·国风·周南》中有一首诗名叫《关雎》：

关关雎鸠，在河之洲。窈窕淑女，君子好逑。
参差荇菜，左右流之。窈窕淑女，寤寐求之。
求之不得，寤寐思服。悠哉悠哉，辗转反侧。
参差荇菜，左右采之。窈窕淑女，琴瑟友之。

参差荇菜，左右芼之。窈窕淑女，钟鼓乐之。

《关雎》的前四句非常有名，可以说是妇孺皆知，不过《关雎》的第九、第十、第十一、第十二句，更契合纳兰容若这首词中表达的情感。

“别绪如丝睡不成”俨然就是“求之不得，寤寐思服”的翻版，离愁别绪像一张密密的大网，慢慢铺展开来，把纳兰那一颗寂寞的心严严实实地网在了中央，无法挣脱。在寂寥的边关做着梦，因为枕边没有她的陪伴，因此连梦乡也是寂寥的。夜来风雨声，时值夜半，北方边塞上开始淅淅沥沥地下起了雨，虽然耳边听见的是滴滴答答的雨声，可是心里念着的却是独住红楼里的她。李义山曾经写过一首《春雨》，其中渗透着朦朦胧胧的相思之情，就好像雨水在天地间织成了一幅大大的珠帘，让一切都依稀在一片烟雨中：

怅卧新春白袷衣，白门寥落意多违。
红楼隔雨相望冷，珠箔飘灯独自归。
远路应悲春晼晚，残宵犹得梦依稀。
玉珰缄札何由达，万里云罗一雁飞。

这潇潇的雨水敲打着屋檐，点点落在空旷的庭院里，也滴滴落在纳兰冷冷的心上。红楼里的她也应该在想念自己吧，纳兰心里默默念叨着。不过，尽管这心心相印的两个人能够在相隔万里之时依然感受到彼此的温度，但是此刻，心上之人毕竟不在眼前，“夜夜思君不见君，同饮长江水”的隐约之美固然雅致，可是那是镜中花、水中月，美得空虚，难以触及。

既然夜不能眠，纳兰便起身，在书几上铺开宣纸，开始把自己所有的相思倾注在纸上。虽然这封信写得那么信誓旦旦，但是纳兰却知道它无处可寄，因此心头浮上了难以言说的幽怨。李长吉在《金铜仙人辞汉歌》中写道：“衰兰送客咸阳道，天若有情天亦老。”看来“天”在很多人眼里就是无情的代表，但是纳兰偏偏却说“天将愁味酿多情”，仿佛这天上飘落下来的雨点是多情的上天为纳兰留下的眼泪。

塞外严寒，纳兰写完一封信后已经双手冰凉，他在手心呵气，使双手微微地暖和了起来。将信装入信封之内，需要在封口上题签，以确保信的密封性，但是写到“鸳鸯”二字的时候，笔尖却被酷寒冻住了，再难下笔。纸上的墨迹和纳兰的双手、笔尖一样冰凉，其实纳兰的心也和它们一样，被冰封住了。

纳兰心中的确有恨，造化弄人，命途多舛，一般的人可能难以相信，像纳兰这样一个不用为生计劳碌奔波的人哪里能体味世间之苦。或许，托尔斯泰在《安娜·卡列尼娜》的开头说得对：“幸福的家庭都是相似的，不幸的家庭各有各的不幸。”套用到纳兰身上，那便是：“幸福的人都是相似的，不幸的人各有各的不幸。”

征人梦醒，心有鸳鸯结

鹧鸪天

冷露无声夜欲阑，栖鸦不定朔风寒。生憎画鼓楼头急，不放征人梦里还。

秋淡淡，月弯弯，无人起向月中看。明朝匹马相思处，知隔千山与万山。

【赏析】

纳兰容若这阕词的词牌名是“鹧鸪天”，又叫“于中好”、“思佳客”。鹧鸪这种鸟儿在古人心里极具象征意义，由于它的叫声非常似“行不得也哥哥”，因此通常会被人用来抒发逐客流人之情。不过，这个词牌可能和纳兰这首词并没有太大关联，只是偶然之间，纳兰用了“鹧鸪天”的词牌写了一曲和相思离愁有关的词。

这首词的开头两句写得很是传神，仅仅十四个字，就把秋天夜里黯然荒凉的情景勾勒了出来。“冷露无声”与“栖鸦不定”之间形成了一组鲜明的对比，一个无声，一个有声，一个安静，一个躁动，就好像纳兰此时的心绪一样，起伏不定，剪不断，理还乱。静悄悄的夜晚即将过去，北风在耳边呼啸着，寒气逼人，塞外的严寒真的是令人难耐，难怪岑参会说“狐裘不暖锦衾薄，将军角弓不得控”，这样的描写真是一点也不夸张。

天还未大亮，城楼上已经响起了嘹亮的金鼓声，吹醒了征人的美梦。本来还可以在梦中回到家乡同佳人相会，可是这恼人的鼓声来得真不是时候，偏偏把佳期幽梦生生阻断。不知道是有意还是无意，连战鼓都和自己作对，于是，纳兰的相思之情便更近了一步。

秋水荡漾，明月如钩，而明月总能和相思牵扯到一起。这样美好的秋月，却无人起来陪伴纳兰一起欣赏，孤独的纳兰，孤独的月亮，两个孤独的影子，一个落在地上，一个投在水里。李益是在中唐诗人中难得还带有豪情的一个，读他的边塞诗不觉得气骨顿衰，反而还能读出一点盛唐之音的味道。他也写明月和戍边将士，也写征人的思乡之情，但气度完全和纳兰不同。李益有《从军北征》一首：

天山雪后海风寒，
横笛遍吹行路难。
碛里征人三十万，
一时回首月中看。

不同的性格决定了文人诗词的不同气质，李益的大气值得赞赏，而纳兰的婉约也不乏美感。纳兰想象着只要等到明天天一亮，他就会只身一个人骑着马离开边地，前往家乡去看望佳人，可惜他自己也知道这一路上山高水险，行程万里，不知该去向何方，也不知何时能够到达家乡。“千山与万山”虽然看似是写路远迢迢，但是也可以理解为纳兰在此处把自己的相思之情具体化了，把相思化作路途来计算测量，每远行一步，相思就会增加一寸，如同冬日的雪花一样，一片一片地堆积起来，直到大地全部变得白茫茫。最终，他没有踏上回乡的路，第二天一早还是要跟着大部队一起继续远行，可是他行得艰难，一步一回首。

纳兰就是一个心中盘着一个鸳鸯结的男子，这个结好像已经和他的心生长在了一起，难以分开。从走上旅途的那一日起，他就开始思归，只要这种情绪一开始，就像决堤的洪水一样汹涌奔流，汪洋肆意，行得越远，相思越烈。

纳兰时时刻刻都在感叹，此恨绵绵无绝期。

落红成阵，无端也惘然

海棠春

落红片片浑如雾，不教更觅桃源路。香径晚风寒，月在花飞处。

蔷薇影暗空凝伫，任碧飐、轻衫萦住。惊起早栖鸦，飞过秋千去。

【赏析】

纳兰容若这阕词表达了一种空灵婉约的愁情，说不清也道不明，不知道他究竟有何指，可能是纳兰在怀念一个爱人，也可能是在期待一种理想，总之全词惝恍迷离，给人一种朦胧的美感。说到这种迷离之美，就不得不说说李商隐的诗，在李商隐的作品中，“无题诗”占了很重要的位置，他有一首诗虽然有题目，但是却也可以归入“无题诗”的范畴之中，这首诗人尽皆知，题为《锦瑟》：

锦瑟无端五十弦，一弦一柱思华年。
庄生晓梦迷蝴蝶，望帝春心托杜鹃。
沧海月明珠有泪，蓝田日暖玉生烟。
此情可待成追忆，只是当时已惘然。

纳兰这首词也颇有李诗的味道。起笔一句“落红片片浑如雾”，不禁让人想起了王实甫《西厢记》中的一阕《混江龙》：

落红成阵，风飘万点正愁人，池塘梦晓，阑槛辞春；蝶粉轻沾飞絮雪，燕泥香惹落花尘；系春心情短柳丝长，隔花阴人远天涯近。香消了六朝金粉，清减了三楚精神。

还是暮春的时节，还是落花阵阵，落英铺地，远远望去宛如一片红色的雾气氤氲在地表之上。陶渊明的著名散文《桃花源记》开篇描写的也是一个落花季节的美好景象：

晋太元中，武陵人捕鱼为业。缘溪行，忘路之远近。忽逢桃花林，夹岸数百步，中无杂树，芳草鲜美，落英缤纷。渔人甚异之。复前行，欲穷其林。

因此，看到落英缤纷的情形，纳兰也不觉想到了陶潜笔下的桃花源。可是，自渔人之后，再也没人找到过桃花源的入口，于是，桃花源也就此成为了一个千古之谜。不过虽然桃花源找不到了，但是《桃花源记》中描写的“阡陌交通，鸡犬相闻”，“黄发垂髫，并怡然自乐”的生活还是为许许多多人所向往，纳兰容若也不例外，只是无奈桃源无觅处，仙境般的生活还是只能当做一个遥不可及的梦。

月夜冷冷清清，一个人独自走在铺满残红的道路上，连鞋子上都沾染了香气。花瓣迎风起舞，月亮悬挂在天边，好像隐约在飞花之中。蔷薇幽幽的倩影里，一个人孤独地立在树下，仰望着眼前的一切，任凭清风拂动衣角，任凭花瓣缭绕身畔。虽然在旁人看来这样的月下独立是一次与自己心灵对话的绝佳时刻，是多么求之不得，但是在纳兰眼里，正是因为这样的情景在自己生命中反复出现过太多回，因此也就不觉新奇，反而感到悲凉。清晨的寒风惊醒了树上休息的寒鸦，于是它们便拍打着翅膀，飞过秋千去了。

古诗中，秋千的意象总是会和美人相配，“十五泣春风，背面秋千下”，纳兰笔下的秋千空空荡荡，只有偶尔飞过的寒鸦才会让它在秋风中摇摇曳曳。

一种说不清的愁，就好像《锦瑟》中写的一样，从无端生发，到惘然结束，一直延绵了几个世纪，直至今天。

英雄梦醒，忆往事无边

太常引·自题小照

西风乍起峭寒生，惊雁避移营。千里暮云平，休回首、长亭短亭。

无穷山色，无边往事，一例冷清清。试倩玉箫声，唤千古、英雄梦醒。

【赏析】

这是纳兰容若题写在自己画像之上的一首词，既然是为自己而写的词，一定会具有抒怀言志的意味。但是，为了不破坏词的含蓄之美，这种情感又不能够在其中表达得太过直白，太过露骨，因此纳兰还是采取了情景结合的方式。

不知怎么西风来得这样突然，说起就起，没有一点预兆，夏天就这样过去了，一年里充满生机活力的两个季节就这样无声无息地从眼前溜走了。秋风一起，自然寒意也就跟着袭来，大雁似乎也没有适应秋天的这种突如其来，惊慌失措。它们匆匆忙忙地向温暖的南边飞去，一路之上还要时不时地避开那些迁移的营帐。雁群惶恐，恐怕这种感觉此时在纳兰心中也有吧。

行走在无边无际的旷野上，向前望不到头，回首望不到尾。日落时分，天上的云朵又低又平，在远方和大地连接在了一起。古时，人们在道路旁边五里设一短亭，十里设一长亭，以供送别离人之用。虽然现在纳兰身在这一望无垠的土地上，但是还是不要回头去看的好，因为，回首之时可能会看到那充满离别之情的长亭和短亭，徒增伤感。

满眼山色看不尽，在脑海中浮现出来的往事也无穷无际，可是，曾经那么美好的时光为何如今回想起来却都是冷冷清清一片，无法激起丝毫热情。往事就像一片寸草不生的冰原，除了冰雪还是冰雪，刮着凛冽的寒风，仿佛要把一切激情昂扬的时刻都冷却下来，把一切欢声笑语都用冰冻结起来，封存到地底下。

耳边传来了箫声，幽幽怨怨，这箫声仿佛有着巨大的魔力，能够把一切都吹醒。年轻的纳兰，曾经梦想着驰骋疆场，勇猛杀敌，为国家建功立业，可是如今这一切也都变成了一场幽梦，被这呜咽的箫声无情地吹醒了。洒脱的纳兰，曾经渴望着放浪于形骸之外、寄情于山水之间的生活，可是因为受到高贵身份和沉重责任的限制，也变成了一桩遥若星辰的美梦，被这呜咽的箫声无情地吹醒了。多情的纳兰，曾经希望和自己心爱的妻子白头到老，厮守一生，但是，这场春梦也随着卢氏的离世而醒来。

纳兰多么想让自己的生活变得和现在不同，但是无奈他只能跟着现实在人生的道路上走着自己并不向往的路。纳兰活得艰难，而这种艰难又是很多旁人无法体会的。如果纳兰能够变得现实一点，那么他可能也就不会那么痛苦了，一个永远不做梦的人是从来不会感觉到梦醒时分的怅然若失。可惜浪漫的纳兰天生就是一个喜欢做梦的人，梦已经成为了他生活中必不可缺的一个部分。试想如果要把梦生生地从纳兰生命中剔除，还不如让他继续梦下去，至少在梦没有醒来之前，纳兰还是快乐的。

相思寥落，春痕乱人心

四犯令

麦浪翻晴风飐柳，已过伤春候。因甚为他成僝僽，毕竟是、春迤逗。

红药阑边携素手，暖语浓于酒。盼到园花铺似绣，却更比、春前瘦。

【赏析】

一曲为怀人而作的词，温柔又多情，纳兰容若的性格就适合填写这样的词。

这阕《四犯令》开篇的第一句话便交代了作词的时间。“麦浪翻晴风飐柳”，这句话写得很生动，仅仅是通过两种动态意象的连接就不做痕迹地告诉读者，现在已经是春夏交替的时刻了。麦浪是夏日的代表，滚滚的麦浪在万里晴空之下翻滚涌动着，一幅喜气洋洋的图景；而柳树又是春日的代表，娇柔的枝条在徐徐清风之中飞扬起舞，一幅弱不禁风的模样。春天的芬芳依旧没有走远，夏日的旺盛已经迈着轻捷的步伐向人间走来，夏日的活力冲淡了暮春伤感的情结，现在已非伤春的时候了。

既然已经不是伤春时节，人的心情应该也会好一点，毕竟夏天里，万物都在向上生长着。但是，纳兰心中还是有各种烦恼忧虑无法化解，就像潺潺的流水一般无法阻断，又如一棵参天的大树在心底盘根错节。虽然春天已经离人而去，但是他心里的万千感慨依旧没有被春天一起带走。纳兰怨怪春天，“已过伤春候”，早就没有了“袅情思吹来闲庭院，摇漾春如线”的感觉，为什么春天那些残留下的痕迹还要继续来挑逗人心呢？白居易说“长恨春归无觅处”，可是这里纳兰却宁可希望春天早日归去，免得拨乱自己的心弦。

其实，不是春天驻留人间不肯离去，而是纳兰心中有着挥之不去的记忆。一张大幕慢慢地在纳兰眼前拉开了：那也是一个明媚的春日，一对丽人行走在花园里，花园里怒放着一朵朵红彤彤的芍药花，远远看去就像天边的火烧云一般。纳兰牵着她的手，缓缓而行，时而停留下来看看花朵，时而驻足闻闻花香。纳兰走到阑干旁边，采下一朵芍药花放在她手里，在她耳边呢喃着情语，他希望他们之间的爱情能够永远像这花朵一样艳丽动人。花不迷人人自醉，情人之间的悄悄话就好像陈年的佳酿一样醇香醉人，或者，比酒更加浓烈。

可惜，那是曾经的景象了，纳兰盼望着今年春日也会出现同样的一幕，但是事与愿违。纳兰等呀等呀，当等到花园里的鲜花犹如地毯一样铺满大地时，他的心上人儿却依旧没有回来。没有爱人的陪伴，纳兰觉得连园子里的花朵也没有去年开得好了。其实，不是春瘦，而是人瘦，恰合了李清照《醉花阴》中的那句“帘卷西风，人比黄花瘦”。

把爱情与鲜花放在一起作比本来就是一个错误。人们都希望爱情能够长长久久，而偏偏鲜花又是天地间最不能够长久的东西，昙花只能一现，其开花时间之短可想而知，虽然不是每一种花都如昙花一样暮开朝落，但是所有的花都会凋谢。自然界里鲜活的美都不会永恒，能够永恒的只有那些被制成标本之后的失去生命活力的东西。

想将爱情永远地鲜活地保存下去，那可能是一件难于登天的事情，或许就是因为有这些不完美的存在，才造就了纳兰这些美得鲜活的词章。

泪煎心灼，花谢夜不眠

添字采桑子

闲愁似与斜阳约，红点苍苔，蛱蝶飞回。又是梧桐新绿影，上阶来。

天涯望处音尘断，花谢花开，懊恼离怀。空压钿筐金线缕，合欢鞋。

【赏析】

这阕词的词牌名叫做《添字采桑子》，就是在《采桑子》的上下两片末尾各加三个字。这个词牌在《钦定词谱》里面没有搜集，看样子是纳兰容若自创的了。不要说纳兰狂傲，自创词牌来填词，因为凡事就是需要这种愿意第一个来吃螃蟹的人。文学本来就是一种任想象飞扬的创作，一旦落入了陈式之中，就容易变得千篇一律。曾经为了方便诗歌的创作，人们开始探索诗歌的音韵组合，于是便逐步产生了有格律的诗歌。律诗最初发源于南朝齐永明时讲究声律、对偶的新体诗，初唐时开始出现广义的五律，到了武周年代沈佺期、宋之问定型狭义七律，后在中晚唐时期逐步趋于成熟。在律诗还没有完全定型的时候，创作非常活跃，可是，等到形制完全被规定下来之后，律诗的创作也进入了瓶颈期。由于格式限制太深，极端的人会选择以辞害意。后来，为了解决这种问题，人们又发明了各种拗救，为律诗创作注入了新鲜的活力。词，想必也是这样的吧，因此不得不说纳兰自创词牌的这个举动着实令人拍手叫好。

这首词纳兰又是借用一个女子的口吻来抒发自己的相思之苦。夕阳西下之时，正是人愁情萌生之刻，这闲愁就好像同斜阳约好了一样，每每到了这个时刻便会到来。这一句话写得别具一格，却也合情合理，将愁情和斜阳一齐拟人化的手法，又透露出几丝俏皮，不过，那可能是纳兰无奈而为的调侃吧。

远远看去，发现苍苔突然变成了红色的，这是怎么回事呢？走到近处仔细一看，原来是蝴蝶在上面来回飞舞。传说蝴蝶是梁山伯和祝英台的化身，他们生前不能结成夫妻，死后便成为蝴蝶在花丛间双双对对。对于一个爱人不在身边的女子来说，看到这成双成对的蝴蝶心底必然暗自生凉。

“又是梧桐新绿影，上阶来”，这两句中，一个“又”字道破了天机。这个女子在斜阳中独立思人不仅仅是今天一天了，而是反反复复了好多次，每天她都看着夕阳落到地平线之下，梧桐树的绿影爬到台阶之上。

日复一日，女子望断天涯，却等不到他寄来的一封家书；年复一年，花开花谢，女子泪水流尽，却盼不到他的身影再次出现在自己眼前。盛唐诗人王昌龄写过一首《闺怨》：

闺中少妇不知愁，春日凝妆上翠楼。

忽见陌头杨柳色，悔教夫婿觅封侯。

诗中说尽了女子因为叫丈夫离家去建功立业而悔恨万分的情感，此处纳兰说到的“懊恼离怀”不知是不是也跟她教夫婿觅封侯有关呢？无意之间翻开箱子，发现她穿过的鞋子还静静地躺在箱子里，睹物思人，不觉一阵悲情油然而生。

纳兰笔下的故事到此就算完结了，不知道结局如何。纳兰的词美就美在这含蓄的朦胧里，他给读者营造了一个充满离情别绪的氛围，剩下的一切就由读者自己去填充了。

红颜朝暮，来生缘再续

荷叶杯

知己一人谁是？已矣。赢得误他生。多情终古似无情，莫问醉耶醒。

未是看来如雾，朝暮。将息好花天。为伊指点再来缘，疏雨洗遗钿。

【赏析】

这是一首纳兰容若为亡妻而写的小词，字字泣血。

首句就十分令人动容：“知己一人谁是？已矣。”如果一个人能被纳兰视作知己，看样子这个人的确很懂纳兰的心。人道：“一生得一知己，足以。”在那个知己没有离开自己之前，纳兰也觉得这一生过得很满足了，欢笑有人分享，烦恼有人倾听。不过，这样的日子很美好，却也很短暂，所以纳兰只能用“已矣”两个字来作结。虽然只有这短短的两个字，却无比得沉重。杜甫在《石壕吏》

中有一句话，叫做“生者且偷生，死者长已矣”，纳兰笔下，同样是“已矣”二字，是不是也在暗示读者，自己的知己已经飘然远逝了呢？

难怪人们都认为多情不似无情好，还是做一个无情的人吧，这样心就不会痛了。北宋大文豪苏轼写过一阕《蝶恋花·春景》：

花褪残红青杏小，燕子飞时，绿水人家绕。枝上柳绵吹又少，天涯何处无芳草！

墙里秋千墙外道，墙外行人，墙里佳人笑。笑渐不闻声渐悄，多情却被无情恼。

多情总是会给人带来无端的忧虑烦恼，既是因为无情的人难解风情，更是因为无情的天总是嫉妒多情，喜欢将两情相悦之人生生地拆开。纳兰几次劝自己收起他那如水的痴情，可是天性使然，身不由己，要让一个情感多得如春水一样容易泛滥的人在一夜之间变成铁石心肠，这谈何容易啊？

别问此时的纳兰是醒还是醉，失去知己的痛楚足以让他在天地之间浑浑噩噩地过一辈子了。没有了知己相陪，却要一个人独自继续走完漫漫人生之路，还不如天天与酒为伴，醒来又醉，醉后又醒，日复一日地循环着没有意义的生活。

不要以为明天之后还有明天，来日方长，其实人生如烟又如雾，转眼之间青丝转为白发，良辰美景变成断井颓垣。回首往日，仿佛那个人还在眼前，可是回到现在，那人已经离开自己很远很远。好花也只开一季，要是错过了这一季，那必须要等上一年才能看到下一季花儿的开放，但是下一季所开的花还能如这一季这样鲜活美丽、娇艳动人吗？答案只是一个未知数。

这一生既然没有缘分白头到老，那么就只能等到来世再续前缘。可是来世，我们两人是不是还能够生活在一方天地之下，从相识到相知，再到相爱，连纳兰自己也不能给出一个确定的答案。泪水就如天上掉下来的雨滴，打湿了她曾经用过的花钿翠摇。看到它们，纳兰就能够想到曾经她把它们戴在发间，巧笑倩兮、美目盼兮的样子，怎奈何如今，伊人早已不在人间。

王勃道："海内存知己，天涯若比邻"，可是现在，知己却已不在海内，天涯又怎能成为比邻？纳兰真是人间的一位惆怅客，因为上天将他唯一的知己也带走了，让他不惆怅也难呀。

剪烛对床，一夜孤影长

寻芳草·萧寺记梦

客夜怎生过？梦相伴，绮窗吟和。薄嗔佯笑道，若不是恁凄凉，肯来么？

来去苦匆匆，准拟待、晓钟敲破。乍偎人、一闪灯花堕，却对着琉璃火。

【赏析】

这首词题目叫《萧寺记梦》，萧寺是古时候对寺庙的另一种称呼。中国的魏晋南北朝时期是佛教大繁荣和大发展的时期，南朝梁武帝萧衍对佛学颇有研究，并著有数百卷佛学著作。相传，萧衍在位期间，曾命人修建佛寺，当佛寺建成之后，武帝命萧子云题上“萧寺”二字，后来人们便开始用萧寺来指代佛寺。这段传说见于唐代李肇的《唐国史补》，曰：“梁武帝造寺，令萧子云飞白大书萧字，至今一萧字存焉。”

纳兰容若寄宿佛寺，想必是心中有无尽的愁情难以排遣，希望借助清净的佛门之地来换得心灵上片刻的安宁。不过，偏偏人心是由不得理智来控制的，纳兰虽然身在佛寺，但是却日有所思，夜有所梦，该入梦的依旧入梦而来。

“客夜怎生过？”这一句话就注定这个夜晚不会平静，纳兰并没有让自己的心被寺庙里诵经讲道的声音抚平，反而生出漫漫长夜何以消遣的无聊之感。无人相陪，只有梦来相伴。梦中，纳兰看到了一个优雅的倩影，她倚在床边，眼望窗外，低声地吟唱着什么，那声音是如此动人，以至于纳兰都听得出神了。突然间，那个女子朝着纳兰回眸一笑，历史上的杨贵妃“回眸一笑百媚生，六宫粉黛无颜色”，此时在纳兰眼中，这女子笑得比杨妃还美。那不就是自己朝朝暮暮想见的她吗？纳兰差一点惊呼起来。她轻启朱唇，吐出一句似嗔非嗔的笑语：“如果不是因为你自己孤身一人，形单影只，寂寞难遣，你会来找我吗？”纳兰无言，他自己也不知道该如何回答她的问题，因为他的心早就随着她的离去死掉了，一颗枯萎的心怎能再次品味爱情的甜蜜呢？此时的纳兰可能已经适应了这种寂寞无聊，要不是她今夜入梦而来，或许纳兰已经忘记了思念是什么味道了。

相聚的时间总是那么短暂，她总是那样行色匆匆，一到天亮必然离开，就像报晓的晨钟一样准时，不肯再多停留一秒。其实，哪里是她不愿意多停留在纳兰身边，那是因为上天在召唤她，她不得不离去了。纳兰被钟声敲醒，他起身坐在床边，感觉到她还在自己身边，可惜房间里再也找不到佳人的身影了。她真的走了，虽然她留下的温度、味道，一颦一笑还能够让人感受得那样真切。

纳兰怅然若失，一秒钟之前还和她相依相偎着，互诉衷肠，可是下一秒钟，灯花跳动，打碎了纳兰的好梦，睡眼朦胧之间，佳人早已不在，看到的只是一盏冰冷的琉璃灯，在风中摇曳着，忽明忽灭。

纳兰的梦境一直都是美好的，可是好梦从来没有在美好中结束过，也从来没有变成过现实。人们都说“美梦成真”，纳兰却似乎从未得到过幸运女神的眷顾，一生命途多舛，鸳鸯零落，凄凄惶惶。词中记的是一种无奈，记的也是一份辛酸。

望断云帆，笛声送君南

菊花新·送张见阳令江华

愁绝行人天欲暮，行向鹧鸪声里住。渺渺洞庭波，木叶下、楚天何处？

折残杨柳应无数，趁离亭笛声吹度。有几个征鸿，相伴也、送君南去。

【赏析】

纳兰容若的这阕词题为《送张见阳令江华》，其中张见阳为何人，江华又为何处，先来做一题解，说明这些问题。

张见阳，名纯修，字子敏，见阳是他的一个号，他另有一号，叫敬斋。张纯修是清代著名的书画家，家中藏画颇多，而且临摹古画已经到了出神入化的地步。他与纳兰是挚友，两人结为异姓兄弟，张见阳曾经还为纳兰绘过《风兰图》。在纳兰去世后，张纯修为其辑刻《饮水诗词集》，并为之作序一篇，赞叹纳兰的诗词为

“所以为诗词者，依然容若自言，‘如鱼饮水，冷暖自知’而已”，这足见张纯修对于纳兰的了解。说罢张纯修，再来说说江华。江华现位于湖南省西部，今为瑶族自治县。而康熙十八年（1679年），张见阳去往江华县上任，这首词就是纳兰为送别友人远行而写的。

曾经和自己相伴的朋友突然要调任远地，这是一件令人伤感的事情。不要说科技水平不发达的古代，就是在今天，离乡万里也不可能完全没有离别之苦。湖南西部在古人眼里并不是什么富庶的地方，况且该地又没有宜人的环境，生活条件之艰苦可想而知。不过，纳兰倒并不是因为这些而担心，令他最为惆怅的是朋友即将离开自己，山高路险，千里迢迢，想再次相见，不知要等到何年何月。听到有人谪迁的消息总是会令人百感交集，连豪放的诗仙李白也为友人王昌龄被贬龙标县尉而感叹不已，写下了：“杨花落尽子规啼，闻道龙标过五溪。我寄愁心与明月，随君直到夜郎西。”洒脱的李太白尚如此，何况生来性格中就带着忧愁的纳兰容若呢？

“愁绝行人天易暮”，因为有离愁别绪的纠缠，纳兰仿佛觉得连日子都比以前过得快，天色都比平时暗得早。可能是老天爷也不忍心看到离人相送的情形，所以赶紧让夜幕降临，好让游子收起悲伤的心情，尽快赶路去。鹧鸪的叫声暗含惜别之意，而自己的朋友却要在这“行不得也哥哥”的声音中离开故地去向远方，满腹忧伤溢于言表。屈原的《湘夫人》中有一句“袅袅兮秋风，洞庭波兮木叶下”，表达的是湘夫人苦苦等待湘君到来时看到的萧条景象。张纯修此去江华，正好去的也是湘夫人的故里，此时也正值秋景凄凉，令人愁肠百结。“渺渺洞庭波，木叶下、楚天何处”，此句被纳兰化用得极为贴切。

“折残杨柳应无数，趁离亭笛声吹度”，送别见阳之时，纳兰依依不舍。古人以折柳来送离人，可是纳兰已经折柳无数，依然不希望张纯修同自己道别。本来应该趁着长亭别宴上的笛声和见阳告别，可是告别的话语却怎么也不忍心说出口。纳兰多么渴望自己可以化作一只南下的鸿雁，陪着张见阳一起前去江华，可惜自己没有一对能够飞越万水千山的翅膀，只能将着小小的心愿告诉天上的征鸿，让它们带上自己的祝福，陪伴着友人一路向南。

能作为纳兰的朋友是幸运的，只要被他视作知己，他一定会对你牵肠挂肚，有朋友记挂的生活，才是最幸福的。

夜深红湿，爱意终成茧

南歌子

翠袖凝寒薄，帘衣入夜空。病容扶起月明中，惹得一丝残篆、旧熏笼。

暗觉欢期过，遥知别恨同。疏花已是不禁风，那更夜深清露、湿愁红。

【赏析】

相传纳兰容若在同卢氏结婚之前有过一段没有结果的初恋，初恋的对象是谁，多数人认为是一个叫作谢娘的女子。民国时期的女作家苏雪林经过考证，得出的结论是这个谢娘是纳兰的一个姨表姐妹。她引用了清代无名氏《赁庑笔记》中的一段话来作为论据：

纳兰眷一女，绝色也，有婚姻之约。旋此女入宫，顿成陌路。容若愁思郁结，誓必一见，了此夙因。会遭国丧，喇嘛每日应入宫唪经，容若贿通喇嘛，披袈娑，居然入宫，果得彼妹一见。而宫禁森严，竟不能通一语，怅然而出。

自古文人笔记中所记载的故事是否真实可信，都会被打上一个大大的问号，因此在没有其他材料佐证之前，就下结论说纳兰在婚前有过一个初恋，这个女子是他的表妹，而且，后来还作为秀女入选宫中，使两人再不得相见，最后郁郁而终的种种，还只是一家之言。不过，一家之言也好，传说故事也罢，如果不将它看作是严肃的历史材料，只是听来作为一种消遣娱乐，却也未尝不可备此一说。

以词为证，如果说这阕《南歌子》是纳兰写给自己昔日的情人的作品，从感情的角度来看，完全是说得通的。该词情景交融，写得极为凄婉哀怨，将离别之恨全部倾泻在纸上，好像一颗受伤的心一直在滴血。

夜来寒意生，薄薄的纱衣怎么能够抵挡得了这侵人的凝寒。今夜的风格外的大，卷得窗上的帘幕都飘到了夜空中。风儿掀起帘幕的衣角，只见屋子里空空荡荡，只有一个孤寂的身影在徘徊着，时而抬头望望天际的明月，时而低头摆弄自己的衣衫。这个女子一脸愁容，好像生病了一样，人比黄花瘦，那是相思成疾，只有他才能医得好。汤显祖笔下的杜丽娘因为思念那个仅在梦中见了一面的柳梦梅而一病不起，最后香消玉殒，纳兰笔下的女子也像杜丽娘一样为情痴狂，因为思念那个心上的人儿一天天地憔悴下去。宁静的夜色中，只有燃尽的残香烟雾缭绕，冷冷清清，凄凄惨惨戚戚。

期待着哪一天能够和他再次相逢，可是她心中似乎明白欢会的日子已经过去，不可能重头再来一次，而现在剩下的，只有遥遥无期的离别。病中的女子，像一朵已经受尽风雨摧残的花朵，弱不禁风。再加上夜深露重，相思成灾，如何让她这颗脆弱的心负载得起呢？只恐双溪舴艋舟，载不动许多愁呀！

若说纳兰此词是写给他入宫的表妹的，那么解读起来是不是给人留下了更多的想象空间呢？但是，即使纳兰这阕词不是为表妹而作，同样不失为一首佳作。纳兰笔下心事重重的女子是那样得活灵活现，难怪有人会觉得纳兰的心思细腻得像一个女人。

不管传说是真是假，总之，纳兰都将自己的情感最真实地表现了出来。纳兰的心纯洁得就像一颗水晶，令人一眼就能够看透，这样的人才会活得简单，也正是这样的人才无法理解世间的纷扰，活得如此艰辛。他永远无法明白为何爱情总是不能长久，只是因为他太痴情。

回首兴亡，黄沙湮丹心

南歌子·古戍

古戍饥乌集，荒城野雉飞。何年劫火剩残灰，试看英雄碧血，满龙堆。

玉帐空分垒，金笳已罢吹。东风回首尽成非，不道兴亡命也，岂人为!

【赏析】

先以一首苏子瞻的《念奴娇·赤壁怀古》来作为开篇：

大江东去，浪淘尽，千古风流人物。故垒西边，人道是，三国周郎赤壁。乱石穿空，惊涛拍岸，卷起千堆雪。江山如画，一时多少豪杰。

遥想公瑾当年，小乔初嫁了，雄姿英发。羽扇纶巾，谈笑间，樯橹灰飞烟灭。故国神游，多情应笑我，早生华发。人生如梦，一尊还酹江月。

一直认为，苏轼这首词的词眼是“人间如梦”四个字，曾经的风生水起，也能变成今日的过眼云烟，往日的命途多舛，也能化作现在的逍遥自在，人生就是在这样的不经意间交替着，好运或是歹命，都是上天注定的。

纳兰容若这首词也何尝不是在抒发这种“人生如梦”的感慨呢？只不过他笔下的历史古迹更加苍凉，少了苏轼那阕《念奴娇》中的几分壮美。“古戍饥乌集，荒城野雉飞”，遍地的营垒中已经没有了人影，只有饥饿的乌鸦在头顶盘旋，发出凄厉的叫声，野鸡在空无一人的城池中上蹿下跳，激起的尘土在空中飞扬。这是经历了怎样的劫难之后才留下这样一片衰景？曹操在其《蒿里行》中写过战后人间的凄惨景象：

关东有义士，兴兵讨群凶。
初期会孟津，乃心在咸阳。
军合力不齐，踌躇而雁行。
势利使人争，嗣还自相戕。
淮南弟称号，刻玺於北方。
铠甲生虮虱，万姓以死亡。
白骨露於野，千里无鸡鸣。
生民百遗一，念之断人肠。

就连这一代枭雄也对于白骨遍野、民不聊生的情形而感到悲痛断肠，何况纳兰这个多情之人呢？

而往日在这里为了正义而英勇作战的将领战士们，他们的碧血丹心也被这漫漫黄沙湮没了，经历了斗转星移，时光流逝，有谁还能记得起当时那些在战场上不知为何原因而厮杀的士兵的名字？历来战争都是这样，它们能够让一小群人登上政治权力的顶峰，却让绝大多数人妻离子散、家破人亡，他们有的战死沙场，有的颠沛流离。

放眼望去，纳兰看到的只是那片营地上空留的帐篷和金笳，想起往日金戈铁马、奋勇杀敌的场景，而今都归于一片平静，虽然历史的遗迹还在讲述着过去的沧桑，但是在今人眼里，那不过是历史长河中的一朵浪花，和那些记录在史书上冷冰冰的史实没有丝毫差别。

“东风回首尽成非，不道兴亡命也，岂人为！”谋事在人，而成事却在于天，人虽然能够在历史的变迁中起到一定作用，但是想要改变上天的旨意，显然是万万不能够的。

这阕词中，纳兰看似是在怀古，其实是在伤今，他感叹自己生在了一个身不由己的时代，虽有一颗放荡不羁的心，却没有一个放荡不羁的身，他不能够放弃家庭，放弃事业，带上自己的心灵去远走高飞。独立于人间，纳兰觉得自己是渺小的，小得像天地间的蜉蝣，沧海里的一粟，人定不能胜天，不如就在这不如意之中放任自流吧。可是自己的心却无法接受这份无奈，于是，纳兰便深深地陷在无休无止的矛盾之中了。

红袖秋千，东风梨花落

秋千索

游丝断续东风弱，浑无语、半垂帘幕。茜袖谁招曲槛边，弄一缕、秋千索。

惜花人共残春薄，春欲尽、纤腰如削。新月才堪照独愁，却又照、梨花落。

【赏析】

或许在卢氏离世而去之后，纳兰容若生命中剩下的有意义的事情恐怕只有回忆了。又是一个东风起的日子，陆游在《钗头凤》里写过“东风恶，欢情薄，一怀愁绪，几年离索”，看样子这飒飒东风真的能够勾起无限心事啊，这阕《秋千索》应该是纳兰触景伤情的悼亡之作。

“游丝断续东风弱”，春风像断断续续的游丝一样，仿佛只要轻轻吹上一口气就能断掉似的。东风撩拨人心，那是因为它总是爱情的象征，李义山写过“飒飒东风细雨来，芙蓉塘外有轻雷”。春天是万物复苏之时，也是春心萌动之刻，而此刻在纳兰眼中，这象征着爱情的春风却细得如丝线一般，若有若无，难以触及。看着这样的情景，就是想要感慨也说不出话来了，房内帘幕半垂，隐隐约约看见一个孤单的身影，静静地坐在桌前，好像在思索着什么。

曾经的春日是那样欢愉，虽然纳兰也是这样独坐房中，但是他却知道在花园的一角，有一个美人坐在秋千架上，她的红袖迎风招展着，像美丽的花朵，绽放着娇艳。秋千一荡一荡的，好像要把她荡到天上去一样，美人笑呀笑呀，好似一串银铃在摇呀摇呀，纳兰看得如醉如痴，花园的空气里浮动着浓浓的甜蜜。

可惜，这春光苦短，美人薄命。往日的那个惜花人，在落花时节都会把花瓣搜集在一个布囊之中，然后将它们埋在花园一隅，起名曰“香冢”，就是这样一个连落英也知道疼惜怜爱的人为什么就不能够得到上天的怜爱呢？如今，她也和那随风飘零的花朵一起归于尘土之中了。花开花落是自然界的规律，由不得人来左右，同样，人来人去也是上天的安排，人只能眼睁睁地看着自己的所爱，一步一步渐行渐远，纵使你衣带渐宽，上天也不会出于怜悯，让她在人间多停留片刻。

新月初上枝头，将幽辉洒遍世界，因为纳兰的心在流泪，在滴血，因此他眼里的月亮也是愁容满面的。顺着月光向窗外望去，看到的不是什么良辰美景，而是一树梨花在清风的拂动下，将花瓣像飞雪一样地散到空中，又悄无声息地落到地面。曹雪芹借林黛玉之口唱出的《葬花吟》写尽了对自己的哀叹和对现实的无奈，此时，纳兰看着梨花纷飞，不觉感慨万千，泪如雨下。要是当年的那个惜花人还在，这些花瓣一定能够在香冢里“质本洁来还洁去”，总强于现在的“零落成泥碾作尘”。

对纳兰而言，时间不是治愈心伤的良药，因为他的心痛并没有随着时间的推移而慢慢愈合，反而时隔愈久伤得愈深。纳兰的悼亡词，像一首唱不尽的歌曲，从卢氏离开人世的那日起，就在纳兰的生命里一直回响着，一直到纳兰生命终结的那一刻，才随着他一起离开人间。

或许，离世的那一刻，纳兰是幸福的，因为他终于不用只在梦中看到那个日思夜想的人儿了，他可以在天堂里再次去握紧她的手，凝望她的容颜。

凭阑远眺，夕下遥相望

浣溪沙

一半残阳下小楼，朱帘斜控软金钩。倚阑无绪不能愁。

有个盈盈骑马过，薄妆浅黛亦风流。见人羞涩却回头。

【赏析】

这首词，纳兰容若写得很是有趣。一般情况下，夕阳西下之时，都是女子登上小楼，翘首期待心上人回来，这个题材一直到现代，还在被人们广泛地运用着。现代诗人郑愁予的《错误》讲述的也是等待归人的故事：

我打江南走过，

那等在季节里的容颜如莲花的开落

东风不来，三月的柳絮不飞
你的心如小小寂寞的城
恰若青石的街道向晚
跫音不响，三月的春帷不揭
你的心是小小的窗扉紧掩

我达达的马蹄是美丽的错误
我不是归人，是个过客……

而这首词中，纳兰却将这个女主角换成了自己，换成了一个男子，而在自己面前骑着马儿盈盈走过的，却是一个英姿飒爽又不失风流娇羞的女子。这出墙头马上的戏剧，将男女两个主人公互换角色之后，读上去更有一番风味了。

夕阳照耀下的小楼里，珠帘斜斜地垂挂着，金色的帘钩在落日的光辉下反射着金色的光芒。万物都好像被镀上了一层金子一样，显得富贵而庄重。镜头拉到了小楼上的阑干旁边，一个寂寞的身影像一座铜质的雕塑一样一动不动地立在残照里，心中无限愁绪。不知道他在愁什么，可能是因为他太无聊了，才登上小楼来看夕阳下的美景。

忽然，远处传来了嗒嗒的马蹄的声音，那个像鎏金铜像一样的身影仿佛也被这声音吸引，他缓缓地抬起头来，在巷子的尽头，有一个袅娜的身姿正向着这边慢慢地前进着，前进着，越来越近了。这下，他看清楚了，那是一个潇洒的女子，骑在一匹白马上，优雅地行走着。她化了淡淡的妆容，两弯娥眉虽然颜色不深，但却风流无限。这个女子在落日的映照下，在他的注视下，袅袅地走过去了，马蹄在石板上敲出的节奏好像悠扬的音乐声流淌在他的心间。那女子已经从面前走过，猛然间，她似乎意识到有人在凝视着她。她回过头来，不经意之间，她和他目光相接，由于女子本能的羞涩，她立即转过了头去，可是却又再一次慢慢地回过头来，嘴角边还浮起了一朵浅浅的微笑。

这回眸一笑，不禁让他看呆了。就这样，他目送着她的背影渐渐变小，直到完全消失在自己的视野之中，再也看不见了。

新乐府运动的倡导者白居易在他的《井底引银瓶》中曾写过："妾弄青梅凭短墙，君骑白马傍垂杨。墙头马上遥相望，一间知君即断肠。"而在纳兰的笔下，这断肠之人恐怕不再是那凭墙弄梅的少女，而是那个独立小楼放眼远眺的男子吧？

元人白朴有戏曲名曰《墙头马上》，男女主人公裴少俊和李千金在经历了几番波折之后终究成为眷属，而纳兰这首词中的"墙头马上"却不知结果如何。在纳兰的词中，结局总是需要读者自己来猜测，这种朦胧的美感，让很多人都为之心神一荡。

阅尽天涯，词人亦张扬

虞美人·为梁汾赋

凭君料理花间课，莫负当初我。眼看鸡犬上天梯，黄九自招秦七共泥犁。

瘦狂那似痴肥好，判任痴肥笑。笑他多病与长贫，不及诸公衮衮向风尘。

【赏析】

这阕《虞美人·为梁汾赋》将纳兰容若的狂放之气展现得淋漓尽致。纳兰不是一个循规蹈矩的人，但是也不是一个乖戾张扬的狂人，他一直把自己无限的矛盾隐藏于心里，化作一首首凄婉绝丽的曲子词。但是这首词，却同那些为人熟知的纳兰词都不一样，它直抒胸臆，冷嘲热讽。纳兰在这阕词中，摇身把自己变成了“凤歌笑孔丘”的楚狂人。

这是纳兰写给自己的朋友梁汾的词，梁汾是顾贞观的字，而顾贞观通常被人们视作是纳兰的第一挚友，也是第一知己。此词作于纳兰与顾贞观结交的初期，原因是纳兰委托顾贞观把自己的词作结集出版。对于纳兰而言，每一次写词就是一次与自己心灵的对话，若想要请人帮忙出版词集，实际上就是将自己的全部心血托付给了别人，所以，就必定要找一个与自己志同道合的人才能委以重任。而对于纳兰而言，顾贞观就是最合适的人选，虽然他们交往的时间并不长，可是这并不重要，朋友之间有白头如新，也有一见如故，纳兰和顾贞观的友情显然是属于后者。

即便纳兰对梁汾有一百个放心，但是还是不忘在词的开头嘱咐上几句，“凭君料理花间课，莫负当初我”，意思是说：“我已经把我的词作全部交给你了，请你一定要好好对待，千万不要辜负我的心血啊！”不过，说完这两句话，纳兰也就把出版这件事放在一边了。

或许，纳兰只有在最亲近的朋友面前才会展现出他桀骜不驯的一面，要不这后面两句话怎会写得如此犀利？“眼看鸡犬上天梯，黄九自找秦七共泥犁”，谁都知道一人得道鸡犬升天的典故，此处被纳兰化用来比喻仕途高中、在官场上平步青云的人。而纳兰把自己和梁汾比作黄九（即黄庭坚，排行第九，故称黄九）和秦七（即秦少游，排行第七，故称秦七），因为这纳兰与梁汾同黄、秦二人一样，他们只会填词，不懂官场上的人情世故，所以不能青云直上，只能携手共赴地狱了。纳兰用看似自嘲的口吻写尽了辛辣的讽刺，他向世间坦然声明：我不是升天的鸡犬，我只是一个普通的文人，你上你的天堂，我却甘心下我的地狱，咱们井水不犯河水，你要是看不上我这样的人，那也是你的事，请自便，跟我没有关系。

下阕开篇的“狂瘦那似痴肥好，判任痴肥笑”两句，其实和上阕结尾那两句说的意思也差不多。纳兰又化用了南朝沈昭略和王约的典故，把自己和梁汾同世上的俗人对立了起来，他们两人是“瘦狂”，而世上俗人皆为“痴肥”。痴肥们，请尽管笑话瘦狂吧，不管他们怎么笑，纳兰和梁汾都不会来搭理的，因为在他们看来，嘲笑他们的人不懂他们的心，道不同，不相为谋，嘲笑别人的人才会真正被他人看不起。

词的最后两句，纳兰的讽刺几近刻薄。“多病”与“长贫”这一对词真是纳兰和顾贞观两人活脱脱的写照，多病的是纳兰，而长贫的是梁汾，两人将世间最不友善的四个词“病”、“贫”、“瘦”、“狂”全部囊括了。可纳兰似乎一点也不为意，他倒觉得这样的现状不错，自己和顾贞观继续走着那座填词的独木桥，何必非要和世上那些愿过阳关道的诸位去一争高下呢？孔圣人赞美过颜回做人“安贫乐道”，不过纳兰安贫却未必乐道，因为他还要冷眼看那些看不惯自己的人，有力地回击他们的嘲笑。

俗话说：“尺有所短，寸有所长。”韩愈也说过：“问道有先后，术业有专攻。”可能纳兰真的不是一个适合在官场上大展才华之人，他只适合填词作诗，而且平心而论，他所填之词真的很是出色，所以，世人又何必笑话他胸无大志呢？